超简单的选股策略

通过投资于身边的公司获利

[美] 爱德华·瑞安 著
(Edward Ryan)
王雁飞 杨堃 译

THE WORLD'S SIMPLEST STOCK PICKING STRATEGY

How To Make Money Investing In The Companies In Your Life

机械工业出版社
CHINA MACHINE PRESS

图书在版编目（CIP）数据

超简单的选股策略：通过投资于身边的公司获利 /（美）爱德华·瑞安（Edward Ryan）著；王雁飞，杨堃译．—北京：机械工业出版社，2023.3

书名原文：The World's Simplest Stock Picking Strategy: How To Make Money Investing In The Companies In Your Life

ISBN 978-7-111-72569-5

I. ① 超…　II. ① 爱… ② 王… ③ 杨…　III. ① 股票投资－基本知识　IV. ① F830.91

中国国家版本馆 CIP 数据核字（2023）第 030336 号

北京市版权局著作权合同登记　图字：01-2022-3927 号。

超简单的选股策略：通过投资于身边的公司获利

出版发行：机械工业出版社（北京市西城区百万庄大街 22 号　邮政编码：100037）
策划编辑：石美华
责任编辑：石美华　　刘新艳
责任校对：史静怡　　李　婷
责任印制：刘　媛
印　　刷：涿州市京南印刷厂
版　　次：2023 年 4 月第 1 版第 1 次印刷
开　　本：147mm × 210mm　1/32
印　　张：6.625
书　　号：ISBN 978-7-111-72569-5
定　　价：59.00 元

客服电话：（010）88361066　68326294

说　明

本书代表作者本人观点，与其所就职单位无关，且本书观点如有更改，不另行通知。本书发行目的仅在于投资者教育，不应被视作投资建议或对特定投资标的或产品的推荐。书中的选股策略并非适用于每个人，不保证产生任何投资回报，不包含投资所必需的信息。(具体投资时请向投资顾问或投资专家咨询。)

文中提及的任何证券或证券发行方，仅是说明性目的，并非有意推荐证券，也不应被理解为买入或卖出证券的建议。作者可能持有也可能未持有这些证券，但即便现在持有也不代表未来会继续持有。

本书所包含的任何内容，均不构成会计、法律、税务、证券、投资或其他专业建议，并非关于投资适当性的意见，并非任何类型的推荐。读者应理解：所有投资都有风险，并存在亏损的可能。请在获得专业人员的会计、法律、税务和投资建议的情况下使用本书所讲述的内容。

The World's Simplest
Stock Picking
Strategy

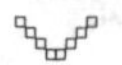

目录

推荐序

零交易佣金、移动设备便捷操作和游戏化的买卖操作方式均极大地提高了人们对投资交易的兴趣，使年轻一代开始涌入资本市场。这些革新让投资更加容易上手，也让市场环境更加公平，但如此低的进入门槛，同时也意味着缺乏经验或交易背景的人们正在做出改变命运的决定——其中有好的决定也有坏的决定。

很多新手不懂投资企业和交易股票的区别，不懂如何建立一套有效的交易系统，不懂风险管理，也不懂如何摆脱那些无处不在的情绪陷阱。

本书提供了一种新型投资策略，该策略教给投资者选择什么样的股票、买进多少股票、如何使用一个长期方法买入与卖出。作者告诉读者如何基于他们个人的消费行为把握股市进出良机，从而正确买入股票、耐心持有股票，并在合适的时机卖出以锁定收益。

你为自己选择股票，并用自己的消费行为指导买卖决策。你的基本面分析方法就是评估那些占据你的时间、精力、欲望和金钱的公司。这个方法适用于希望从喜爱的个股上赚钱的人，而不是那些仅持有指数基金 ETF 的人——当然作者也推荐了用 ETF 对冲投资组合的风险。使用这个策略意味着你不必理解公司的基本面，把这些事情交给公司的 CEO 们，让他们发挥其专业性去让业务流程降本增效，并在产品上更多地获利。你的任务是跟踪那些生活中使用最频繁、最让你兴奋的公司。

历史上表现最好的公司不是藏在无名小报中的低价股，而是能保持最快的增长速度、维持最久竞争力的公司。表现最好的那些股票几乎总是来自我们作为消费者早在其生命周期初期就遇到的公司。通过应用本书的策略，消费者能学着去发现有前景的股票，同时避免错过那些回头看来显而易见的好股票。

许多历史上表现最好的股票很容易被辨别出来，比如埃克森美孚石油、苹果、微软、家得宝和沃尔玛。这些公司因被数以百万的消费者光顾而大获成功。本书会教你如何基于自己时间和金钱的去向，来创建你自己的股票观察清单。

在你的购物之处寻找投资机会——不论是线下还是线上购物。分析一下你为什么做出这个购物决策。比如，现在你要外出旅行，你会选择开车还是乘坐飞机？如果开车，为什么你会选择买某个品牌的车；如果乘飞机，为什么你会选择某家航空公司？你住什么酒店，为什么？你在什么网站上预订？

投资机会有很多，而你的优势在于分析你个人的兴趣所在，并找到那些年轻而又充满创造力、能满足你的消费需要的公司。

随着你对某个产品或服务的兴趣或信赖感发生变化，针对其的投资策略也会改变和进化。随着一家公司对你日常生活的影响力减弱，你要减少那家公司在投资组合中的占比。竞品的增加或你对它兴趣的减弱，都说明公司的竞争优势在削减，也是你该减少持仓的信号。通过将你的知识和经验作为自己选股的优势，你会创建出一个更为个性化和令人兴奋的投资策略，该策略在你自己观点的指引下，使你用于投资的资本和用于消费的资本流向同一处。

你所选择的股票，代表的就是那些你喜欢的产品背后的上市公司。你选的可能不会是下一个谷歌，但聚焦于产品背后的上市公司，能提高你的胜算。伴随着年复一年连续性和纪律性地投资，你或许就能找到下一个亚马逊或苹果。

瑞安这本可靠而实用的投资指南，不仅能指导你找到对你来说有意义的股票，而且能帮你避免错过那些事后看来显而易见的好股票。

史蒂夫·伯恩斯　霍莉·伯恩斯

NewTraderUniversity.com

2021 年 4 月

The World's Simplest Stock Picking Strategy

前言

超简单的选股策略

事后诸葛亮总是好当。站在今天，我们很容易知道哪些公司在过去是伟大的投资标的。

回头看，有些投资机会似乎是显而易见的，错过这类机会常常让我们追悔莫及。许多伟大公司就在我们眼前，我们一直使用它们的产品或服务，然而从来没有想过投资它们。

你是否想改变上述情况？你是否想拥有一套足以让你抓住下一只伟大股票的投资框架？

本书即是为此而来。本书所提供的“超简单的选股策略”是一套简单而有趣的投资方法论，帮你投资于你每天接触、无比欣赏的伟大公司，并从中获利。

本书所讲的投资方法论基于你作为一位投资者的竞争优势，这种竞争优势就是你对生活中的一些产品和服务有着深刻的认识。本书会手把手地教你应投资于生活中的哪些公司，每家公司应投资多少资金，何时买入、卖出、加仓、减仓。

本书所讲的投资方法论遵循了可靠的投资原则，且不需要任何投资或金融从业经验。无论你的年龄、教育水平、背景经历如何，你都可以执行这一策略。

本书所讲述的简单可行的步骤能把你从一个日复一日地决定在哪里花费时间和金钱的消费者，转变成一个训练有素，并能将自己的投资组合集中于优质股票的投资者。

“超简单的选股策略”适合所有人

我开发本书所讲述的这个策略原本是为了我自己，因为我受够了一次次错过那些事后看来显而易见的好股票。

尽管我是自营交易和股票研究领域的专业从业

者，对于公司的财务分析也有独到见解，但我还是持续不断地错过了很多能赚钱的好公司。这些公司对我来说近在咫尺，比如亚马逊、脸书、微软等，它们的产品我每天都在使用。

为了不再错过这些身边的好公司，开始从它们身上赚钱，我构建了这一策略，并且在长达十年的时间里对这个策略不断地思考、试错、完善，最终成形。我的目标就是基于可靠的投资原则，建立一个投资框架，让它符合常识且易于执行。

我认为本书所介绍的这个“超简单的选股策略”已经实现了这一目标。

几年来，我已经用自己的钱成功实践了这个选股策略，我坚信它对于投资者是有价值的。

因为无数的亲友问我如何投资，所以，我干脆写一本简单实用的书来阐述这个选股策略。

亲友们所问的问题都是关于个股的，而从未涉及投资原则、财务分析或者各类交易所交易基金（ETF）。这些亲友代表了那些想自己选股却没有专业知识、经验的庞大人群。

本书提供了一个人人都可以遵循的股市投资框架。

下面是我周围一些人的例子，他们背景各不相同，却都正从我的策略中获益。

- 我 19 岁的教子跟我说，他开始对投资感兴趣了。他在罗宾汉金融公司开了一个账户，并已经在根据新闻头条买卖股票。他这么交易最终很可能亏钱，但他对傻瓜式的 ETF 交易不感兴趣。他已经看到了那些他熟悉的公司所发行股票的巨大涨幅，他也想从中分一杯羹。这本书适合他看。
- 一个软件程序员朋友最近告诉我，她已经工作 13 年并攒了些钱，现在开始对投资感兴趣。我问她是否投资了 ETF 或者个股，她回答说“我倒是想投资，但我实在不知道该怎么做”。这本书适合她看。
- 我兄弟在得克萨斯州奥斯汀一个有名的酒吧里做餐车生意，他跟我说“现如今酒吧里每个人都在谈论股票”。他说大部分顾客都是从网络名人那里获得投资意见，而且多数顾客没有任何有意义的投资计划。这本书适合他们看。

- 我妈妈说开了股票账户“玩一玩”，她买了 Lululemon（LULU）的股票，因为她“喜欢这个牌子的衣服，觉得它会一直做得很好”，然后问我：“你觉得我还应该买什么股票？”这本书适合她看。
- 我有一位朋友是忠实的股票投资者，他拥有 MBA 学位，且十多年来花了很多时间分析企业财务报表。他曾这样说：“我就像个傻子，过去十年我一直努力研究，试图找到低市盈率和高股息率的股票，却一直在亏钱。与此同时，有的人仅靠买那些大路货的股票就赚得盆满钵满。”这本书适合他看。
- 我太太对股票从来提不起兴趣，却是位眼光敏锐的消费者，挑选产品的眼光独到。最近她跟我说，她认为凭借本书中介绍的选股策略，她也能成为一个很棒的投资者。我完全同意。

如果以上任何一位让你想到了自己，那本书就适合你看。

本书的写作框架

我写作本书的目的，就是让读者能尽可能简单地理解和执行我的选股策略。

本书不是一本枯燥的学术读物，相反，它是一本操作指南。本书的框架设定也反映了我的写作目的。

本书的前两章介绍了选股策略以及支撑该策略的投资哲学。

随后直奔主题，介绍了选股策略的五个核心步骤。正是通过这五个简单的步骤，你将学会如何从生活中的产品和服务中提炼出一个股票投资组合，并且通过一些简单的规则来持续地管理这一组合。

在介绍完五个核心步骤之后，本书将给出三个控制风险的建议：

1. 在市场下跌时买进；
2. 用 ETF 对冲风险；
3. 多元化资产配置。

像我们在这些建议中所讨论的，很重要的一点是如何把你的总资产进行配置：你在不同的篮子里——股票、债券、现金、贵金属、房产，各放多少鸡蛋。

本书不提供整体的资产管理计划，而是为那些有买股票想法的人提供了一种权益投资策略，应用这个策略将确保你能分享伟大公司的盈利、成长以及它们创造的财富，而这些公司正是那些为你的日常生活提供最佳产品和服务的公司。

因此，我强烈建议你思考并接受这三个建议，它们可以帮助你减少投资中蕴含的风险。

在掌握了五个核心步骤和附加的三个建议后，你就可以执行这个策略了。就是这么简单。

我们还会回顾几个重要的投资原则，并且还要介绍几个案例。这些案例意在展示如何使用这个投资策略，它们将帮你为即将开始的投资之旅做好心理准备。

最后，投资新手和想理解书中专业术语和概念的读者，可以在书的末尾找到词汇表。这不是常见的那种教科书中定义式的词汇表，而是我用自己的话写的，我试图用更通俗易懂的方式来解释这些术语和概念。

这就是本书的框架。

我希望本书中的选股策略与你的直觉和常识相符。常识的力量不应被低估。要想自信地开展投资，你所使用的方法必须符合你的常识。

本书将符合直觉的投资理念与高度个性化的投资方法有机结合。我的认知和经验告诉我，本书能助力你找到投资的自信。

祝你好运！

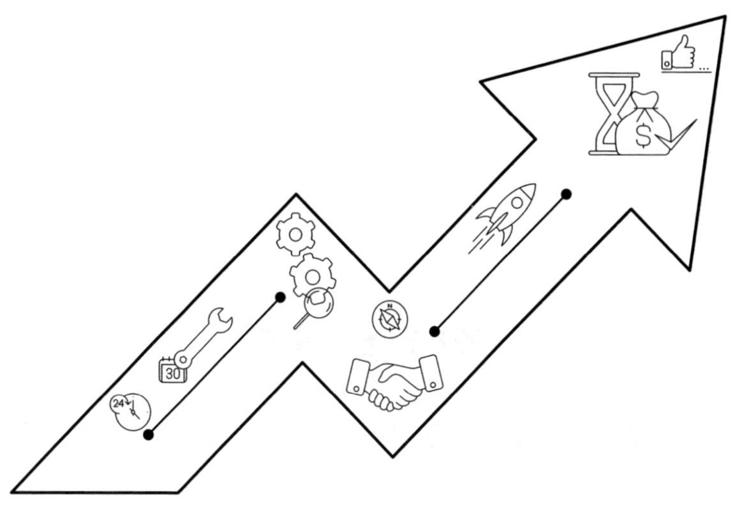

第 1 章

概 要 介 绍

资本市场的魔法

超简单的选股策略

资本市场的魔法

真是一个激动人心的时代！

看看你周围的世界：只需按下一个按键，就能让世界上几乎任何产品明天送到家；坐在沙发上，就能观看成千上万的节目和电影；你可以坐在安静的电动汽车里，让汽车自动驾驶；如果买不起车，只需在手机上点几下，就会有人开车在几分钟内接上你去任何地方；如果你不想奔波去找亲戚、朋友，你可以拿起一个小电子产品，通过高清屏幕跟他们视频通话。

这些服务确实就像魔法一样，而且普通人也能以合理的价格享受到。我们正在享受以前国王和王后梦寐以求的东西。

你对提供这些产品和服务的伟大公司再熟悉不过

了，或许你不假思索就能说出一些公司。

在现代资本社会中，许多为你生活增光添彩的好公司也正为它们自己创造丰厚的回报，这没什么好奇怪的。但这对我们个人来说，却是双重的红利。感谢发达的资本市场和好用的技术，让每个人都能参与到公司的成功中去，一方面是作为消费者，另一方面是作为股东。这简直太神奇了。

这些我们熟知的公司赚着这么多的钱，又经历着股价的飞涨。难怪越来越多的人开始对投资感兴趣——尤其是对个股投资而非指数投资感兴趣。人们跃跃欲试。

然而，尽管投资于这些公司的机会听起来很容易发现，而且十分诱人，但真正做起来却不容易。历史数据表明，多数人的选股能力很糟糕，他们最好投资于被动的指数基金，而不是主动管理自己的投资组合。令人沮丧的是，大部分猜测市场涨跌的人总是亏钱，而那些事后看来显而易见的好股票却总是被错过。

你或许听过有人抱怨：“我要是在2005年买了苹

果的股票就好了”“我要是在 2009 年买了亚马逊的股票就好了”，诸如此类。

这样的抱怨我听得太多了。我曾经也这么抱怨过。

超简单的选股策略

本书提供了一种方法，意在帮你提高投资个股的成功概率。我写作本书的目的，是基于可靠的投资原则建立一个框架，让我不再错失那些我们后知后觉的好股票。

我把这些股票称为“无脑买入的股票”。我想从这些股票上赚钱，而不再抱怨错过了这些投资机会。

本书不是我的自传，但我首先要声明，我个人绝大部分股票投资是按照本书中的策略进行管理的。我与美国最知名的股票分析师、财富管理人和交易者密切共事。他们复杂的专业技术在华尔街固然有用武之地，但我发现，对业余的投资者来说，最好的方法不是模仿专业投资者，而是利用好自己的竞争优势——

对生活中常见产品和服务的熟知。

我花了十年时间来寻找聪明的投资方法。我阅读报纸、看研究报告、听公司业绩电话会议、学习技术分析，所有这一切都是为了找到下一个被低估的巨大投资机会。

在这期间，我做过很多成功的交易，也做过很多失败的交易，十年下来，我的股票账户实际没有赚到钱。但同时，我从旁观者的角度却观察到这些“无脑买入的股票”持续产生着令人难以置信的回报——如果我早买这些股票的话，我的财富就不止这些了。这些好公司太明显了，对于一个全身心投入研究的投资者来说，错过它们很难让人接受：亚马逊、谷歌、微软、奈飞、开市客、家得宝、脸书——只列举这几个你就知道了。

几年前的某天，我觉得我已经受够了，我决定不再错过那些显而易见的好股票。通过反复试验、犯错，我设计出了本书介绍的这个策略，我把它称为“超简单的选股策略”。

我的投资策略不是为了发现全部的好股票——甚至没法接近全部好股票，但它提供了一种方法，帮你足够早地识别出潜在胜出者。这些胜出者就在你的身边，与你的生活习惯息息相关。而且也许同样重要的是，我的投资策略还提供了一种简单、无须多虑的框架，让你知道应该何时卖出。

我在自己的账户中成功应用了这个投资策略。这个策略指导我使用“买入并持有”方式，在多只股票上实现了较高的收益率。

表 1-1 展示了我赚钱和亏钱较多的一些股票。你能看到，就像任何一个可靠的投资策略所追求的那样，最赚钱股票的收益率远远超过最亏钱股票的损失率。

除了能带来更佳的投资回报，本书所介绍的这种投资策略也很有趣。通过让自己的投资组合反映自己的生活方式，我对我所使用的产品和服务背后的公司产生了浓厚的兴趣。这是一个非常愉快的过程，它不需要什么财务分析或投资知识储备。因此，无论你是什么背景，都可以顺利地使用这一策略。

表 1-1 赚钱和亏钱股票的示例

公司名称	代码	买入日期	买入价格（美元）	仓位状态	现价 / 卖价①（美元）	收益率②（%）	标普 500 收益率③（%）
Alphabet	GOOGL	2012.07	290	持有	2 400	728	210
美国运通	AXP	2016.10	63	持有	150	138	93
苹果	AAPL	2014.08	24	持有	130	442	114
埃克森美孚	XOM	2013.08	88	卖出（2015.09）	73	−17	20
脸书	FB	2015.05	80	持有	328	310	100
JP 摩根	JPM	2012.06	32	持有	150	369	224
PayPal	PYPL	2019.12	106	持有	270	155	32
荷兰皇家壳牌	RDS.A	2016.09	49	卖出（2020.05）	29	−41	33
特斯拉	TSLA	2018.12	65	持有	725	1 015	61
安德玛	UAA	2015.05	40	卖出（2017.04）	20	−50	11
优步	UBER	2019.12	28	持有	57	104	32
Zillow	ZG	2017.04	36	持有	135	275	78

① 如果仓位状态为“持有”，那么表中现价对应的时间为写作本书时的 2021 年；如果仓位状态为“卖出”，那么表中卖价对应的时间为卖出的时间。

② 截至 2021 年写作本书时的近似收益或亏损百分比，不包括股息。

③ 同期标普 500 指数的收益率，不包括股息。

我希望你喜欢本书所介绍的策略，也希望它能帮你捕捉到未来的几只大牛股。

现在你已经知道了本书的写作目的和书中策略能在哪些方面帮到你，我们接下来看一看这个策略的基本原则。

这个策略的核心就是帮你找到并投资于伟大股票。哪些是伟大股票？为什么你是唯一能找到它们的人？

让我们一探究竟吧。

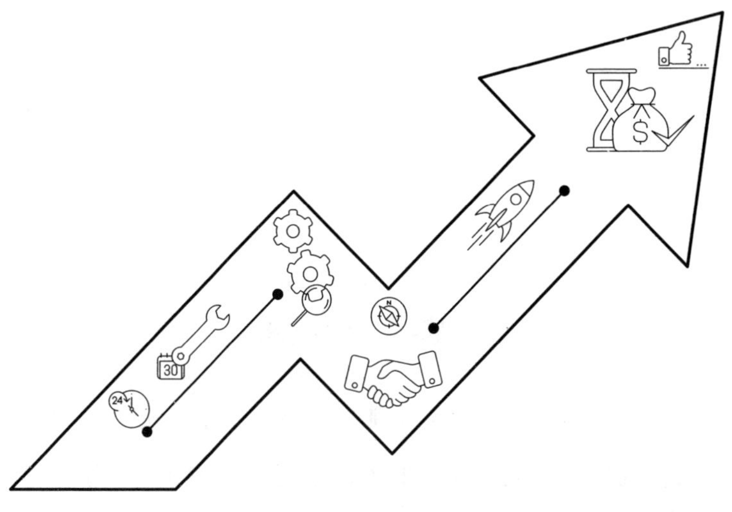

第 2 章

伟大股票

"无脑买入的股票"

定价权

财务分析和投资预测的局限性

你的竞争优势

你已经收集了有价值的信息

知名公司、知名产品

五个步骤

“无脑买入的股票”

所谓伟大股票，就是那些长期为投资人创造巨额回报的股票。如果你看股价图的话，会发现这些股票的股价从左下角一直涨到右上角，它们持续增长，不断创造价值。

你或许已经注意到了，21 世纪 10 年代的伟大股票，就是那些你所熟知的、经常用的产品背后的公司。

你可能在亚马逊上购物、在开市客买食品杂货、用谷歌搜索、用微软软件办公、用脸书跟朋友联络——这份清单还很长。

看看图 2-1 和图 2-2 所示的过去十年间亚马逊（AMZN）和微软（MSFT）的股价图吧。

这就是我们所说的伟大股票！

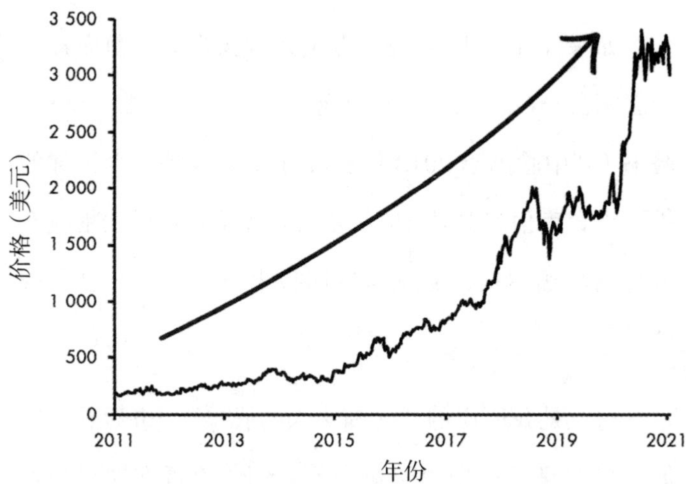

图 2-1　亚马逊股价图（2011 ～ 2021 年）

资料来源：Yahoo Finance.

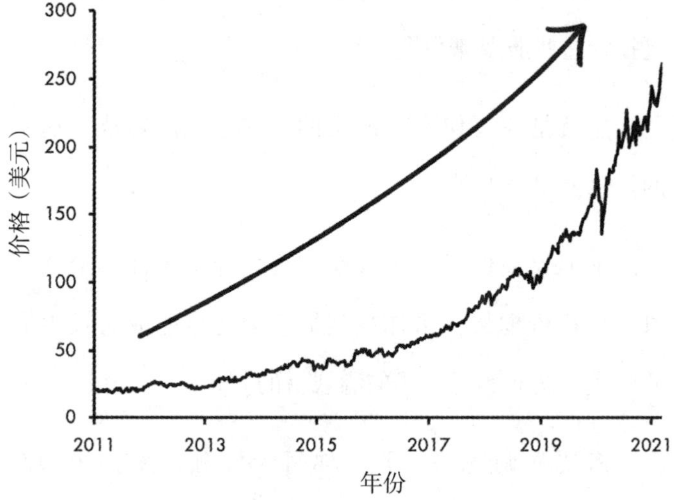

图 2-2　微软股价图（2011 ～ 2021 年）

资料来源：Yahoo Finance.

如果你在2011年花1万美元等权重买入前面提到的五家公司的股票——亚马逊、开市客、谷歌、微软、脸书（其中脸书于2012年上市时买入），那么今天你的投资组合市值将高达10万美元。这样的回报就是改变人生的巨额回报，而且这些回报来自我们熟知已久的公司。

这就是我所说的“无脑买入的股票”。事后看，它们是再明显不过的投资机会。它们一直近在咫尺！如果你在当时能多有一点投资意识，或者有一个投资框架帮你识别这些潜在的绝佳投资机会，恐怕你早已通过投资这些股票赚得盆满钵满了。

这就是我写作本书的目的。它让你能够从生活中的重要公司身上赚钱。

本书促使你对每天接触的公司保持关注，给你提供一套投资框架，帮你找到那些最有可能成为长牛股的股票，从而实现上述的赚钱目的。

需要强调的一点是，你每天接触很多公司，你不可能也不应该买入全部这些公司。我会教你如何区分它们。比如，你可能开福特野马、在埃克森美孚加油、坐嘉年华邮轮旅行、乘坐美国航空的飞机、经常在梅西百货购物，但这些公司并不见得就是好的投资标的。

从图 2-3 和图 2-4 所示的梅西百货（M）和埃克森美孚（XOM）的股价图中你可以看到，以十年为时间单位衡量，它们的市值都是下跌的。

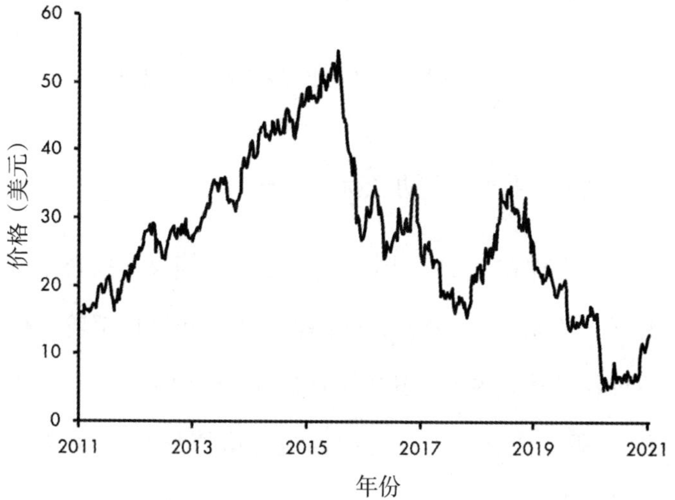

图 2-3 梅西百货股价图（2011 ～ 2021 年）

资料来源：Yahoo Finance.

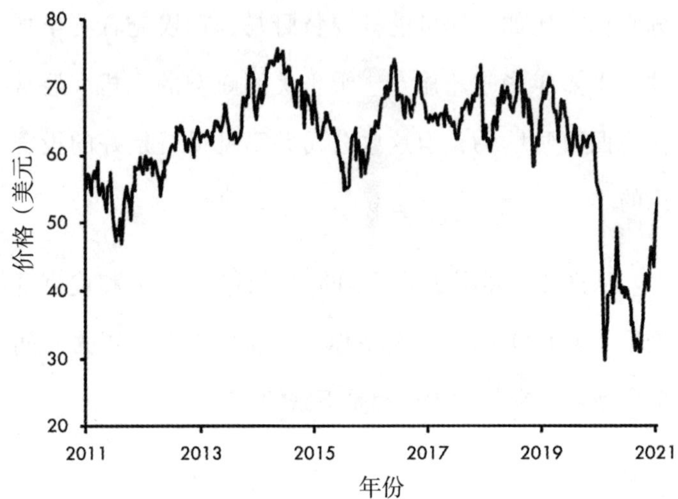

图 2-4 埃克森美孚股价图（2011 ～ 2021 年）

资料来源：Yahoo Finance.

这些是我们要想办法远离的股票。

如果你在 2011 年同样拿 1 万美元等权重投资于以上五只股票——福特、埃克森美孚、嘉年华邮轮、梅西百货、美国航空（其中美国航空于 2013 年上市时买入），那么持有至今你的投资组合市值只有 7500 美元（不考虑股息分红）。

这与前面五家公司的例子形成鲜明对比，也充分体现了随着时间的推移，你做出的投资决策所能产生的重大影响。本书将通过教授读者如何判断公司质地，区别好坏公司，从而避免做出坏的投资决策。

对非专业投资者来说，幸运的是，伟大股票的特征有时更容易通过消费者的定性观察被发现，而不是通过财务分析被发现。

要理解其中的缘由，我们必须首先理解究竟是什么成就了伟大股票。为什么你身边的公司有些大赚特赚而有些却没有？

这取决于定价权。

定价权

长期来说，推动公司股价上涨的因素是公司盈利——不是过去的盈利，而是当前和未来的盈利。这里说的盈利，通俗地说，就是公司从生意中赚到的钱，即公司卖出产品或服务并扣除各种开销后剩下的钱，也就是公司能够存到银行的钱。

强势公司有能力以远高于成本的价格卖出大量产品或服务，从而产生不错的利润。

上述产生利润过程背后的公式非常简单，但在一个竞争极其激烈的商业环境中却很难做到。只要一个生意能赚钱，就一定会引来无数竞争者，这一点毋庸置疑。

在这种自由竞争的市场环境中，一家公司要想长期生存下来，就必须拥有定价权。所谓定价权，就是公司即使面临最直接的竞争，也能将价格维持在收益可观的水平上的能力。除了垄断之外，唯一能让公司保持这种至关重要的定价权的，是拥有一个占据消费者心智的品牌、产品或服务。

如果公司不能以独特的方式与消费者产生共鸣，就无法支配自己的定价——竞争者可以用更低的价格提供类似的产品或服务来把生意抢走。随着时间推移，公司的盈利能力将被侵蚀殆尽，而一家不能长期维持强劲盈利能力的企业，其股票将不会成为伟大股票。

然而必须说明的是，定价权并非一定是显而易见的。公司有很多种方式来掌握定价权，并不是必须通过对其正在销售的产品收取溢价这一种方式。

比如，一家公司可能会在当下为抢占市场、建立品牌，通过降价来打压竞争对手。这种情况下，如果策略行之有效，这家公司在未来会拥有更大的定价权。

一个典型的例子是亚马逊。多年来，亚马逊牺牲利润以补贴低价零售商品，为消费者提供最佳体验。这个策略奏效了，目前亚马逊在全球有2亿个会员，他们愿意为便捷的购物体验支付年费。这是一个忠诚而稳固的客户基础，亚马逊充分赢得了他们的信任。即便亚马逊适度提高会员费或零售价，依然能留住大部分会员。

另一种间接掌握定价权的方式，是颠覆行业。公司通过有效利用新技术，把落后的传统玩家赶出去，这样它就拥有了未来提价的可能性。

Uber就是这方面的例子。它通过数字化的司机网络为乘客提供“一点即应”的接送服务，目前正在替代传统出租车。Uber 现在为了抢占份额、颠覆行业而采取低价策略，但如果能成功抢占大部分市场份额，它将具备足够的影响力来根据自己的意愿提价。

公司掌握定价权的第三种方式，是为消费者提供某种免费的服务，但这种服务可以支撑这家公司构建起一个用户网络，这个用户网络足够强大，以至于公司可以在广告上收取溢价。

这方面的典型例子是谷歌。谷歌的搜索引擎是免费的，每天有数以百万的用户使用谷歌的优质服务。虽然谷歌不对用户收费，但用户所产生的网站访问流量却使得谷歌成为在其他公司眼中极度有价值的广告平台。这些公司愿意掏出大量广告费用，以求将自己公司的广告通过谷歌呈现在你的面前。

总结起来，那些成就伟大投资的公司都能找到某种方式在某些关键点上以某种形式掌握定价权。不管定价权以什么形式出现，要想长期维持它，公司都需要提供一种真正独特的产品或服务，并引起消费者的强烈共鸣。

因此，在上述总结的基础上，我们可以得出结论：要想投资于伟大的公司，我们就需要找出拥有定价权且产品能引发消费者强烈共鸣的公司。

你可能会认为识别定价权的最佳方式是分析公司的财务数据，但实际并不一定是这样。

让我们看看这背后的原因。

财务分析和投资预测的局限性

传统的财务分析在预测持久定价权这一特质方面有其局限性。

并不是说基于历史趋势和数据的财务分析完全没用——它有时是很有用的。例如，如果一家公司的财报反映出它过去五年有很强的盈利能力，而且今天它的盈利能力依然很强，那么大概率这家公司强大的盈利能力可以持续下去，或许能持续到当年年末。但是，在十年后，这家公司的盈利能力依然能够保持强大吗？这就很难说了。消费者偏好会变化，技术会变化，行业会迭代。分析公司的历史财务数据，并以此预测未来，这种方法的效果存在局限性。

通常来说，无论是否有数据支撑，人类预测未来的能力都很弱。世间事件的发展往往会超出人们的预测。正如史蒂芬·平克教授在《当下的启蒙》一书中所说的：

没有一种理论可以预测整个世界，因为这个世界里有70亿人在全球网络中病毒式地传播着他们的观点，且这些人还不断地与混乱的气候和资源周期相互作用。在世界不可控且对事件的发展机理缺少解释的情况下，去宣告未来是什么样子，这不是预测，而是预言。正像大卫·多伊奇说的“在知识创造的所有局限性中，最重要的一点是，我们没有能力进行预言：我们不能预测那些尚未被创造的概念内容或其影响。”

然而，至少在某种程度上，投资者们却经常试图预测未来。

投资者们会猜测（其中专业的投资者会基于数据，但仍是在猜测）各种因素将使公司未来的盈利发生怎样的变化。

他们或许会猜测一项新技术的市场空间有多大，或是猜测某个行业的竞争格局将如何演化，抑或是猜测一家成熟公司对消费者的吸引力能维持多久，猜测一家公司新管理团队的能力如何，还可能会猜测监管动向或货币政策走向。

在投资者对公司未来盈利的预测背后，有很多猜测存在偏离实际的可能性。

一般来说，专业投资者会根据当时所有可得数据得出的最有可能的结果来进行预测。对你来说，作为非专业投资者，基于财务分析的选股就更难了，你的竞争对手是有着更好的数学和财务教育背景的专业投资者。他们全职投资，每天收集梳理最新最好的数据，这就决定了你不太可能意外地发现专业投资者在股票定价中未予考虑的某个数据。

专业投资者一刻不停地分析数据，试图发现错误定价的股票，这造就了几乎完全有效的市场，在这个市场中，股票的当前市场价格基本反映了当时所有已知的信息。

然而，市场大部分时候有效，并不意味着你要放弃挑选个股。实际上，有效市场让你不必再操心财务分析这事儿了。你可以相信，所有的财务数据都已反映在了股价里，你不必再花时间算来算去。

当然，市场情绪和市场趋势会随着时间的变化在乐观与悲观之间不停摇摆（后面我们会讨论如何利用这一点），但只要过去和现在的趋势以及财务数据都已在股价中反映，你就不需要再考虑这些了。

你的竞争优势

在寻找伟大股票的过程中，随着财务分析的因素失效，剩下的任务就是找到能与不断变化的消费者产生最强共鸣的公司。投资者要有能力识别那些对消费者来说真正足够特殊、能够获得并持续拥有定价权的公司。

好消息是你和专业投资者一样能识别出这些公司。而且，如果你能成为一个有心且善于观察的消费者，你甚至可能会比专业投资者做得更好。

这就是你作为投资者的竞争优势。

每个投资者都要认识到并利用自己的竞争优势。如果你身高只有五英尺（约150cm），别想着在篮球比赛中隔着勒布朗·詹姆斯完成扣篮，待在外线尝试投几个远距离三分球显然更加明智。

上述情形与投资很相似。如果你不是石油专家，那就不要期望自己在选石油股方面有什么优势。你几乎不可能选出好的石油股，即使选出了，由于并没有掌握石油行业的核心逻辑，你也很难知道何时应该加仓或卖出。

另外，成功的投资不仅需要做出正确的决策，还要有信心和决心承受市场波动。如果你没有完全理解买入一只股票的原因，那么很难在经受市场上下波动的过程中不去做受情绪主导的交易决策。

你应该对自己的观点拥有足够的信心——当股价下跌时，对于买进更多股票的渴望应该超过对于自己判断有误的焦虑。只有拥抱自己的竞争优势，你才能找到这样的自信。

专业投资者的优势或许是全天候的数据分析，行业专家的优势可能是对特定行业的专业知识，除此之外的大部分非专业个人投资者的优势是他们对公司产品和服务的熟知。

你已经收集了有价值的信息

在投资中，你对公司产品和服务的看法至关重要。

产品、服务或品牌的独特性让公司拥有了定价权，这一点你能准确判断。本书聚焦的是你对生活中的伟大公司及其产品、服务独特性的判断能力。

你对很多生意的熟悉程度超出你的想象。想一想你每天花多少时间精力决定买什么、到哪儿买、怎样打发闲暇时间、怎样出行、怎样与朋友联络等。公司的产品和服务总是以某种方式与你的生活决策息息相关：

- 你今天在哪儿吃的午餐？你为什么选择这家而不是别家？这家有什么独特之处吗？你最近经常去那里吗？如果这家关门了你会怀念它吗？
- 你今天浏览某个网站了吗？你浏览这个网站是干什么？浏览这个网站正在成为你的习惯吗？还有其他类似的网站吗？
- 周末你要请朋友们吃饭吗？你用什么方式邀请的他们？你会用多种方式联系朋友，还是用一种最方便的方式？
- 夏天你要出去度假吗？你如何决定住哪里？由酒店的位置、价格还是名字决定？这是个困难的决定吗？
- 你有什么特别想买的东西吗？是不是它太贵了

或是不适合现在的生活方式，但它太特别了，未来你想拥有它？

希望你读到这些虚拟场景时，会有一些公司浮现在脑海。

重要的是，在上面提到的这些决策以及你的其他几乎所有决策的背后都隐藏着公司的定价权。对这些身边的公司，你其实一直在第一线做着公司分析。你只是需要整理你在不知不觉中收集到的信息，并学会如何将其运用到投资中去。这就是本书要指导你去做的。

知名公司、知名产品

当你开始应用本书介绍的“超简单的选股策略”时，你可能会发现很多对你来说很重要的公司，对其他消费者也同样重要。

这再正常不过了。

这个策略的一个目的是：在你自己还没有意识到的时候，提醒你潜在伟大股票的存在。好消息是，你不必成为股票的第一个投资者，就能赚到钱。

从很多“无脑买入的股票”的历史收益率来看，即使这些公司早已闻名天下，它们的产品和服务已深深融入你的生活，它们的股票仍可能提供丰厚的投资回报。

看看下面的例子：

- **苹果（AAPL）**：2005年我买了一部苹果手提电脑，觉得它棒极了。我记得当时曾告诉别人，我再也不会买台式电脑了。当时苹果已经是知名品牌，没有什么秘密可言。如果我当时买了1000美元的苹果股票，今天将值81 000美元（2021年4月）。
- **Alphabet（GOOGL）**：早在21世纪初，谷歌广为流行的搜索引擎就已经成为我生活的一部分。这情况直到差不多20年后的今天仍是如此。如果我在谷歌2004年上市时买了1000美元股票，今天将值 40 000 美元。

- **亚马逊**（AMZN）：从 2012 年起，我开始经常性地在亚马逊网站上购物。网购是如此便捷，我认为我会长期网购下去。当时亚马逊已经是知名的主流购物平台了，实际上我是相当晚才开始用亚马逊解决我的日常所需的。如果我当时买了 1000 美元的亚马逊股票，今天将值 14 000 美元。
- Zillow（ZG）：从 2017 年起，我养成了在 Zillow 上看房地产信息的习惯。我认为这个网站不错，并几乎每天都浏览。我在办公室里发现很多同事也都习惯于浏览这个网站。如果 2017 年买入 1000 美元的 Zillow 股票，今天将值 4000 美元。
- **开市客**（COST）：我从 2011 年开始在开市客买东西——已经够晚了。我简直不敢相信这里的东西如此物美价廉。我知道我会是开市客的长期顾客。如果我当时买 1000 美元的开市客股票，现在将值 4500 美元。

类似的例子还有很多，但结论已经非常明确了：投资于这些早已知名的公司也会让你获得丰厚回报。

这种投资方法也符合常识。因为正如我们之前所讨论的，推动股价上涨的因素是公司盈利。如果一家公司对你而言足够特殊，以至于成为日常生活的一部分，那么它一定是做对了什么，而且它很有可能也正在成为其他人生活的一部分。这家公司正在证明自己足够特别，以至于不仅有能力扩大销售基础，而且在扩大销售的过程中还有能力保持至关重要的定价权。这种特质不仅能给公司带来巨额利润，而且也为像你这样慧眼识珠、敢于行动的投资者带来超额回报。

本书将逐步指导你利用自己对产品和服务的看法，去决定选择哪家公司投资以及如何管理头寸。

很快你就会意识到，你与很多公司有互动，但你不可能也不应该全部买进它们。你将学会无视平庸公司和一般的好公司，专注于那些有潜力成就卓越的伟大公司。

本书策略的五个简单步骤，将让你从一个熟悉很多公司的典型消费者，转变成一个持有集中投资组合、思想成熟、训练有素的组合管理者。你不仅会知道如何步步为营地选择股票，而且有一个组合管理的框架体系——知道何时加仓、减仓、清仓。

五个步骤

第一步：罗列你的日常活动，你要梳理得井井有条。你要列出一个你生活中常用产品和服务的清单——我们称之为“日常清单”，然后每个季度定期更新清单，这是本书策略的基础工作。

第二步：评估你的日常活动，你要判断与你密切互动的每家公司有多么重要。你要认真思考你所使用的每个产品和服务，根据几个给定的问题来判断每家公司有多大可能成为特殊公司和伟大股票。

第三步：对“日常清单”中的股票进行排名，你要对清单中的股票优中选优，精简清单并得出量化的排名，这将帮你决定在每项投资上分配多少资金。

第四步：投资于“日常清单”中的股票，拿出真金白银付诸行动，根据几个简单的规则投资于排名靠前的股票。

第五步：管理你的投资组合，你将学到几个简单、有效的规则来管理你的投资组合。这些规则基于“日常清单”的变化，它将指引你何时卖出、何时减仓、何时加仓。

让我们开始行动吧！

首先是第一步。

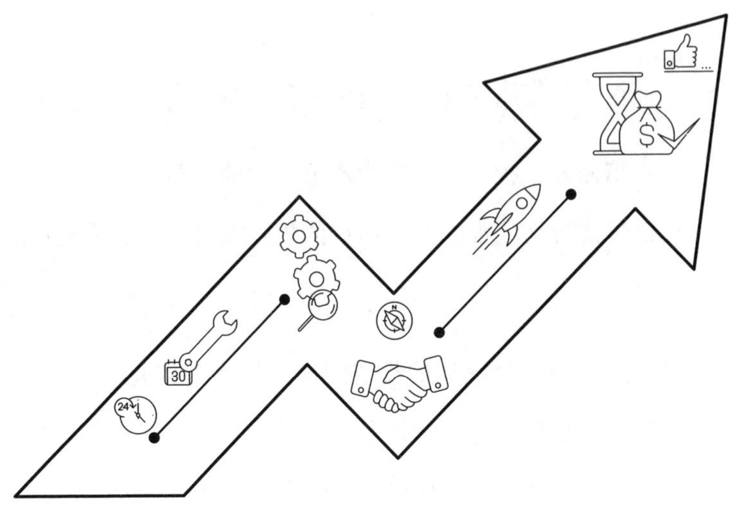

第 3 章

选股策略的五个步骤

第一步：罗列你的日常活动

第二步：评估你的日常活动

第三步：对“日常清单”中的股票进行排名

第四步：投资于“日常清单”中的股票

第五步：管理你的投资组合

总结五个步骤

第一步：罗列你的日常活动

本书策略中我们首先要做的，就是把你与公司互动的情况进行一次认真且坦诚的罗列。

- 你日常生活中会用到哪些公司的产品和服务？
- 你平时买什么东西？
- 你会用到什么服务？

你或许没有意识到这一点：你对日常生活中公司的了解，是有着潜在价值的。从投资这些公司的视角看来，你对它们的产品或服务的看法很重要。

从把你最近在用的产品和服务列出来开始。我们把这个不断变化的清单称为“日常清单”，这个清单是本书策略的基础。“日常清单”将帮你识别和梳理正与你互动的公司。

根据你对产品或服务的使用频率高低，我们把“日常清单”划分为五个类别：

1. **每天都用的产品或服务：**这是你每天或者几乎每天都在买或在用的产品或服务。

2. **经常使用的产品或服务：**这是你经常买或经常用的产品或服务，可能是每周或每月，但不是每天。

3. **偶尔使用的产品或服务：**这些产品或服务是你生活中用得到的，但使用间隔更长或更不规律。

4. **不常使用的产品或服务：**这些都是你生活中的边缘产品或服务。你曾买过这些产品、用过这些服务，但你不考虑经常使用，或甚至连偶尔使用都谈不上。

5. **想要但没有的产品或服务：**你特别想得到这些产品或服务，但从来没有真正买过或使用过。

花点时间，把你的清单列出来。

你或许要花几周时间去有意识地思考日常的行为和习惯，你需要认真仔细地跟踪记录这些行为和习惯。

你可以打开信用卡账单来帮你回忆最近的支付情况，但要记住：清单不应仅限于你买过的东西，也应该包括你用到的免费服务，比如网络和应用程序。你没向这些公司付过钱，并不代表它们没从你身上赚过钱。它们可能卖过你的数据，或者通过向你投放广告赚钱，又或者它们可能是为了抢夺忠实客户而有意识地暂时牺牲利润，未来再通过这些忠实客户实现盈利。

公司管理层在理清如何将客户转化成利润方面非常擅长，所以就让他们来替你操心吧。有许多哈佛大学和宾夕法尼亚大学的 MBA 高才生知道如何从被锁定的客户群体中获取利润。

所以，我们不是要聚焦于公司管理层如何经营和赚钱，而是聚焦于公司用来锁定客户群体的东西——某种特殊的产品和服务。这些产品和服务才是把伟大公司和普通公司区分开来的最终决定因素，而且没有人能比你更好地评判这些产品和服务。

在创建了产品和服务的清单后，你要找出它们背后的公司。

如果是一家上市公司，那么在你的日常活动和公司名称旁边，把它的股票代码写下来。股票代码是为方便股票交易而分配的一串独一无二的字母，长度通常为 1 ～ 5 个字母，且以某种方式与公司名称相关联。例如，维萨信用卡（Visa）的股票代码是 V，脸书（Facebook）是 FB，开市客（Costco）是 COST。

你可以用简单的网络搜索功能查找公司的股票代码，比如在搜索引擎中输入“亚马逊的股票代码是什么”，然后页面中就会显示亚马逊的股票代码是 AMZN。或者，你也可以访问像 CNBC 这样的财经网站，使用它的股票代码搜索系统。

如果公司没有上市，那就没有股票代码，那就在“日常清单”中的产品或服务和公司名称旁边简单地写“非上市”三个字。尽管现在你不能投资于这些非上市公司，但你要对它们保持关注，因为未来某个时间它可能就要上市。如果它上市了，你需要有所准备。

有些时候，查找公司的股票代码很简单。如果你每天去星巴克喝咖啡，你会发现星巴克公司的股票代码是 SBUX。

有些时候，公司也许并未上市，或者它被另一家公司控股，而控股公司的名称与这家公司不同，这使你没有意识到控股公司与自己使用产品的公司有关联。

比如，我就没有在第一时间意识到我给朋友汇款所用的 Venmo 软件是属于 PayPal 公司的，而 PayPal 公司是一家上市公司，它的股票代码是 PYPL。你可以使用网络搜索轻松解决这类问题。

下面是我自己的"日常清单"，更新至 2021 年 4 月。你的清单是你自己独一无二的，但你可以将我的清单作为模板。

你可以看到，下面每一条内容首先是我所使用的产品或服务，然后是公司名称，最后是公司的股票代码。

爱德华·瑞安的"日常清单"

更新于 2021 年 4 月 30 日

每天都用的产品或服务

我使用苹果手机——苹果公司（AAPL）

我查收电子邮件——Alphabet 公司（GOOGL）

我用谷歌搜索——Alphabet 公司（GOOGL）

我浏览 Instagram——脸书公司（FB）

我使用家庭网络和有线电视服务——Altice USA 公司（ATUS）

我使用微软办公软件（Outlook、Excel、Word）——微软公司（MSFT）

我用信用卡买东西——美国运通公司（AXP）

我查看我的储蓄和支票账户——JP 摩根公司（JPM）

我在 Zillow 上看房产信息——Zillow 公司（ZG）

我在奈飞上看节目——奈飞公司（NFLX）

我浏览领英——微软公司（MSFT）

我在手机上用 Pandora 听音乐——Sirius XM 公司（SIRI）

工作中我用 Zoom 开视频会议——Zoom 视频公司（ZM）

我使用 Verizon 的手机通信服务和数据流量服务——Verizon 公司（VZ）

我浏览推特——推特公司（TWTR）

经常使用的产品或服务

我在 YouTube 上看视频——Alphabet 公司（GOOGL）

我使用谷歌地图和 Waze 导航——Alphabet 公司（GOOGL）

我给汽车加油——埃克森美孚公司（XOM）、荷兰皇家壳牌公司（RDS.A）

我去 Trader Joe’s 买食物——非上市

我去 Whole Foods 买食物——亚马逊公司（AMZN）

我在开市客买杂货和其他东西——开市客公司（COST）

我在亚马逊买各种东西——亚马逊公司（AMZN）

我用 TD Ameritrade 交易股票——嘉信理财公司（SCHW）

我用 Venmo 给朋友们转账——PayPal 公司（PYPL）

我买汽车保险和房屋保险——Allstate 公司（ALL）

我在 Vitacost 上买长保质期的食物——克罗格公司（KR）

我用 Roomba 清扫房间——iRobot 公司（IRBT）

我在 Sweetgreen 吃午餐——未上市

我寄送快递包裹——UPS 公司（UPS）、联邦快递公司（FDX）

我使用网约车出行——Uber 公司（UBER）、Lyft 公司（LYFT）

我和我太太用 Etsy 买礼品和小众物件——Etsy 公司（ETSY）

我在爱彼迎上查询度假房出租的信息——爱彼迎公司（ABNB）

我在 Chipotle 吃午餐——Chipotle 公司（CMG）

偶尔使用的产品或服务

我在 Uber Eats 上点外卖——Uber 公司（UBER）

我乘坐飞机出差或度假——达美航空（DAL）、捷蓝航空（JBLU）

我出差或度假时住酒店——希尔顿酒店（HLT）、万豪酒店（MAR）

我和我太太在 TJ Maxx 购物——TJX 公司（TJX）

我去家得宝或劳氏买家装用品——家得宝公司

（HD）、劳氏公司（LOW）

不常使用的产品或服务

我在塔吉特买家装用品——塔吉特公司（TGT）

我在百思买购买电视和电子产品——百思买集团（BBY）

我去 Banana Republic 买工作服——Gap 公司（GPS）

家里装修时我去宣伟买涂料——宣伟公司（SHW）

我在 CVS 买生活用品——CVS Health 公司（CVS）

我在唐恩都乐买咖啡——Dunkin Brands 公司（DNKN）

想要但没有的产品或服务

特斯拉电动车——特斯拉公司（TSLA）

一辆 Peloton Bike——Peloton Interactive 公司（PTON）

Life Time 健身房的会员——非上市

我希望附近有家 Grocery Outlet 店——Grocery

Outlet 公司（GO）

从 RH 店置办家具——RH 公司（RH）

■■■

现在你已经准备好了！

你已经把生活中所有的产品和服务清点了一遍，也找到了它们所属的公司。

下一步，你要看看它们对你有多重要。你要认真思考你使用的每个产品和服务，并根据几个指导性的问题，来判断每家公司有多大可能性成长为伟大股票。

第二步：评估你的日常活动

那些对你来说今天重要、未来依然重要的公司

在第一步里，你已经从日常活动中提炼出了一份相关上市公司的清单。

现在应该思考，清单中公司的产品和服务对你到底有多重要。那些长牛公司所创造的巨额回报，不可能源自它们为人们提供普通的产品和服务，而是源自它们长时间持续地为人们提供真正必需且独一无二的产品和服务，这些产品和服务是人们不能或者不想替换的。就像我们之前说的，这让公司拥有了在无尽的市场周期变化和无数激烈竞争中维持定价权的能力。我们的目标正是识别出这些少见的好公司，把它们和平庸公司区分开来。我们只想集中投资于这些特殊的公司。

我们该如何做呢？

你永远不能百分之百地确定哪些公司最终会成为伟大公司。就像本书先前说过的，未来无法被预测。然而，你的消费偏好以及对于特定产品和服务的感觉是不会轻易改变的。

当你开始创建、更新你的“日常清单”时，你会发现这个清单并非每个季度都有明显变化。当然，不时会有产品和服务被加入或移出清单，但有些会留在里面。有些会几年甚至几十年都留在里面。极少数对你至关重要的公司，甚至会一直留在清单里。

那些长期对你特别重要的公司，正是我们要投资的公司。这些公司很可能有能力显著地扩大销售规模并长期拥有定价权，它们能够年复一年地创造高额利润。这些公司的股票最有可能成为我们所说的长牛股。

虽然你并不能准确预知哪些公司在遥远的未来会蓬勃发展，但你可以判断哪些公司在当下对你很重要，同时你也能理性地推测出哪些公司在不久的将来对你仍很重要。

比如，如果某个产品或服务现在对你特别重要，并且你确信它在未来很长一段时间里都非常重要，那么很有可能它对你的重要性至少在短期内可以维持。

或许你对“未来很长一段时间”的判断并不正确，但你对一个产品或服务的看法不太可能突然改变。如果真的出现这种突然改变的情况也没关系，这种变化会在你的组合中体现出来——我们后面会提及。但如果你认为某个产品很重要，并且每次更新“日常清单”时都认为它很重要，那么你将在许多个“短期”持有这些公司的股票，随着时间推移，这些“短期持有”将构成“未来很长一段时间持有”。诚然，这种长期持有的情况是我们无法提前预测的。

通过定期更新“日常清单”并遵循我们在后文中所讨论的规则，最终你将持有和加仓一些在清单上长期占据席位的好公司股票，也会卖出一些被移出清单公司的股票来止损或获利了结。这个过程，与传统意义上“好股长持，坏股止损”之类明智的投资建议是一致的。

只不过，在本书策略中，你在执行上述“好股长持，坏股止损”的原则时，并没有真正关注股票的价格。你只是根据清单的动态变化来做出决策。关于这一点，我们将在第五步中具体讨论。

评估哪些是真正特别的公司

哪些公司最有可能是真正特别的公司呢？

你在日常生活中接触到很多公司（你使用很多公

司的产品和服务)，但它们发行的股票不见得都能赚钱。怎样筛选并锁定那些长期来说最有可能保持增长和拥有定价权的公司呢？

我所发现的最佳方式，就是问自己几个关于你正在使用的这些产品和服务的小问题。这些小问题将会帮你知道它们到底有多么重要、多么独特、多么持久。

把你“日常清单”中的产品和服务逐一地过一遍，针对每个产品和服务坦诚地问自己五个问题：

1. 我的使用频率是怎样的？
2. 我有多喜欢它？
3. 它有多么不可替代？
4. 如果它不在了，我有多怀念它？
5. 如果让我猜的话，未来我还会使用它多久？

当你梳理你的“日常清单”，认真地审视每个产品和服务时，你会发现它们中的许多并没有那么重要。要么你的使用频率没那么高，要么它们没那么不可或缺，要么你在必要的时候可以轻易地换掉它们。

然而，大概率会有少数几家公司符合以下所有方面：你经常用到它；你很喜欢它或者它对你很重要；它不可替代或者你不想替换它；如果它消失你会非常怀念；你会在很长一段时间里一直使用它。我们想要关注的就是符合上述所有条件的少数特别的公司。

绿色、黄色和蓝色公司

作为系统性投资流程的一部分，我们使用一套有条理的方法来甄别这些重要公司，现在想象把每个产品和服务放入三种颜色的桶中。

- **绿桶**：我经常使用这个产品或服务；我很喜欢它或认同它的价值；我不能或不想换掉它；在可预见的未来我还将继续使用它；如果它消失我会非常怀念它。
- **黄桶**：我时常使用这个产品或服务；在可预见的未来我很可能继续使用它；我喜欢它或认同它的价值；但是，我也可以不用它，或者如果有必要的话我能够用同类产品来替代它。

- **蓝桶**：我用过这个产品或服务，但它并不是我真正需要的，或者我并不认为它有什么特别之处，并且我能用同类产品轻易替代它，并且也不会觉得有什么值得怀念的。

绿桶中的公司都是真正重要的公司，也是本书策略所特别关注的，黄桶和蓝桶里则是除此之外的其他公司。你需要在这三个颜色桶的分类方法指导下，逐个梳理你“日常清单”中的每一项，为每个产品和服务写一小段评语，在评语中试着回答前面说的五个问题。作为参考，下面是我对自己使用苹果手机这件事的评语：

我使用苹果手机——苹果公司（AAPL）

我一整天都在用它工作和娱乐。我认为它是个非常棒的产品，我对于其他品牌的手机连碰都不想碰。在当下，我无法想象没有苹果手机的生活是什么样子，假如它消失了我会无比怀念它。

你看，我已经回答了关于苹果手机的五个问题：

1. **我的使用频率是怎样的？**我一整天都在用它工作和娱乐。

2. **我有多喜欢它？**我认为它是个非常棒的产品。

3. **它有多么不可替代？**我对于其他品牌的手机连碰都不想碰。

4. **如果它不在了，我有多怀念它？**假如它消失了我会无比怀念它。

5. **如果让我猜的话，未来我还会使用它多久？**我无法想象没有苹果手机的生活是什么样子。

不要强行将某个产品或服务归到某一类中，只需遵从你的内心去思考。花点时间，给出你真实坦率的想法，克服偏见的影响。

在你写下对每个产品或服务的感受后，把它们放入三个颜色桶中最合适的一个。有时候，某个产品或服务可能介于两种颜色桶之间。当你遇到这种犹豫不决的情况时，遵循"就低"原则。

比如，你不确定某个产品该归入绿桶还是黄桶，那就选黄桶；如果不确定某个产品该归入黄桶还是蓝桶，那就选蓝桶。遵循“就低”原则是出于审慎性的考虑。在第四步我们基于这些分类来分配资金投向时，我们希望在“是否每个组别里的股票都得到了准确排名”这个问题上不存在争议。

在上面苹果公司的例子中，我对苹果产品的感受与绿桶的定义几乎完美地匹配，所以我会把它标为绿色，因此苹果股票在我个人的“日常清单”中就成了一只绿色股票。

你不太可能是唯一对某个产品有某种感受的人。正是因为有很多人和我一样对苹果产品和品牌有同样的感受，它才有能力长期对产品采取高价策略。这就是该公司能为股东创造高额利润的原因。

作为对比，让我们来看看梅西百货的情况。我之前说过，在过去十年，梅西百货的股票市值是下滑的。或许 20 世纪 90 年代和 21 世纪初，你还每周末都会光顾这类商场，那时梅西百货对你很重要。虽然也许梅西百货现在依然对你很重要，但你要考虑：亚马逊这样的线上零售商和 TJ Maxx 这样的低价零售商崛起，是不是让百货店变得对你来说没以前那么重要？到底是梅西百货本身有什么独到之处呢，还是它的打折促销吸引了你的光顾？

你需要按照上述这样的方法来考察你清单中的每一家公司。

用这种方法梳理完整个清单，写下你对每个产品或服务的感受，并把它们归入相应的桶中。

下面是我的“日常清单”，你可以参考一下，大概了解该如何思考自己常用的产品，但不要让我的看法影响你。你的“日常清单”应该反映你自己的感受和看法——没有标准答案。你可能爱喝唐恩都乐的咖啡，可能不喜欢用苹果手机——这完全没问题！

我要说明一点，对于我们“想要但没有的产品或服务”，很难直接准确地判断该放入哪个桶中。对这些产品和服务，你只能主观本能性地做出判断。如果是你极其渴求或需要的东西，它又基本符合绿桶的描述，那么不论你是否拥有，都应该将它放入绿桶。如果你对某个产品或服务的渴望不那么强烈，或者它并不是你真正需要的，那应该根据你的判断把它放进黄桶和蓝桶中最适合的一个。

爱德华·瑞安的“日常清单”

更新于 2021 年 4 月 30 日

1. 每天都用的产品或服务

我使用苹果手机——苹果公司（AAPL）[绿桶]

我一整天都在用它工作和娱乐。我认为它是个非常棒的产品，我对于其他品牌的手机连碰都不想碰。在当下，我无法想象没有苹果手机的生活是什么样子，假如它消失了我会无比怀念它。

我查收电子邮件——Alphabet 公司（GOOGL）[绿桶]

我很乐意使用谷歌邮箱，我每天都在用。在当下，我想不出换其他邮箱的理由。如果它不在了，我会怀念它。

我用谷歌搜索——Alphabet 公司（GOOGL）[绿桶]

我觉得谷歌搜索棒极了——它有神奇的魔力，总能知道我想要什么。我每天都会用谷歌搜索，我想不到换另一个搜索引擎的理由。如果它不在了，我会非常怀念它。

我浏览 Instagram——脸书公司（FB）[绿桶]

我每天都浏览 Instagram。有时我真想改掉这个习惯，因为我发现这很浪费时间，且对我的精神状态有负面影响，然而，浏览 Instagram 是让我与其他人真正保持线上联络的唯一方式，同时它让我能够进入各种细分的小圈子（如图书博客），这是很有价值的。因此我认为我应该会在未来很长一段时间里继续使用它。

我使用家庭网络和有线电视服务——
Altice USA 公司（ATUS）[黄桶]

我考虑过退订有线电视服务，但在我支付了基础的网络连接费用后，再花不了多少钱就能开通有线电视，而且我也确实乐意开通它。我并不认为 Altice 的 Optimum 品牌做得最好，也曾想过用 Verizon 或其他公司的服务来替代，但实际上可选的公司并不多。而且，一旦你选择了一家公司的服务，就很难再换成另一家。

因此，我不认为自己短期内会弃用它的服务。

我使用微软办公软件（Word、Excel、Outlook）——微软公司（MSFT）[绿桶]

我所在的公司使用微软的 Office 软件办公，因此我不得不每天都用它。我认为这种每天使用 Office 的情况短期内不会也没必要改变，因为 Word、Excel 和 Outlook 是非常好用的工具。我喜欢这些产品，如果哪天它们不在了，我会非常怀念。

我用信用卡买东西——美国运通公司（AXP）[黄桶]

我并不依赖运通信用卡，市面上有很多种信用卡可以用。但我是喜欢拥有这么一张卡的，也喜欢它的用卡积分奖励。我认为我不会换掉它。

我查看我的储蓄和支票账户——JP 摩根公司（JPM）[黄桶]

我可以不用 JP 摩根公司的服务——市面上其他银行也可以给我提供类似服务，但我觉得 JP 摩根公司的服务尚可，我认为短期内我不会做出什么改变。

我在 Zillow 上看房产信息——Zillow 公司（ZG）[绿桶]

我几乎每天都在 Zillow 网站或 App 上查看各类房产信息。这已经成了我的日常消遣，我甚至觉得有点上瘾。我觉得它的服务很好，我也很喜欢用。如果一个人想劝我换到另一个房产平台，他可能要费一番工夫。如果哪天它倒闭了，我会很怀念它。

我在奈飞上看节目——奈飞公司（NFLX）[黄桶]

我几乎每天都会在奈飞上看流媒体电视节目。我喜欢用它看节目，而且我觉得它的服务很好。近期我可能会一直用它的服务，但我感觉我并不是特别需要它，如果让我使用有线电视和其他流媒体服务，我觉得也是可以的。

我浏览领英——微软公司（MSFT）[绿桶]

我几乎每天都浏览领英，有时是因为工作，有时则是私人用途。经验告诉我，这个软件在找新工作的时候会帮上忙，这种未来潜在的用途让我舍不得删掉它。此外，我还在上面建立了自己的人脉网络，所以我很可能永远不会想要弃用领英。

我在手机上用 Pandora 听音乐——Sirius XM 公司（SIRI）[黄桶]

我经常用 Pandora 听歌，但也有其他可以听歌的平台，包括 Spotify、苹果和 YouTube。我喜欢 Pandora，短时间内不会换到其他平台，但这更多是出于懒惰而不是因为 Pandora 有什么特别之处。

工作中我用 Zoom 开视频会议——Zoom 视频公司（ZM）[黄桶]

自新冠疫情以来，我几乎每天都用 Zoom 开视频会议和电话会议，我感觉这种越来越多使用视频会议的情况会持续下去。Zoom 的服务不错，但也有别的公司在用其他同类产品，包括 Teams、WebEx、亚马逊等，听说也都不错。因此，我们其实不是特别需要 Zoom，如果换成另外一家公司的服务也可以。

我使用 Verizon 的手机通信服务和数据流量服务——Verizon 公司（VZ）[黄桶]

我喜欢使用 Verizon 的手机通信服务。我可以换成其他通信运营商，那没什么大不了的，但我现在可能会继续使用 Verizon 一段时间。

我浏览推特——推特公司（TWTR）[绿桶]

我发现我其实经常浏览推特——频率远高于每天一次。我喜欢看上面很多人在投资或政治等领域发表的观点。没有其他平台像推特一样可以直接从这些人那里实时听到观点。这个实时听到观点的功能非常特别，我认为在未来很长一段时间里我仍将使用推特。

2. 经常使用的产品或服务

我在 YouTube 上看视频——
Alphabet 公司（GOOGL）[绿桶]

我总是用 YouTube 看视频，这种感觉很棒。我想不到有任何其他视频平台能够在拥有相同海量视频内容的同时还如此易用。在当下，我从没用过其他的替代品。如果 YouTube 不在了，我一定会很怀念它。

我使用谷歌地图和 Waze 导航——
Alphabet 公司（GOOGL）[绿桶]

我喜欢这两个产品，并且我都在用——大部分时候我用谷歌地图，但当我想要躲避堵车时我会用 Waze。

这两个产品都非常好用，我认为我会一直使用它们。如果没有这两个产品，我不仅会感到失落，更会迷路！这两个产品都属于Alphabet公司。

我给汽车加油——埃克森美孚公司（XOM）[蓝桶]、荷兰皇家壳牌公司（RDS.A）[蓝桶]

我经常给汽车加油，这一点我想短期内不会有什么改变，尽管我未来某天可能也想买辆特斯拉电动车。至于在哪里加油，我没有特别偏爱的公司，哪里方便我就去哪里。现在我一般会去家附近的埃克森美孚或壳牌加油站。

我去Trader Joe's买食物——非上市[黄桶]

我经常去Trader Joe's，我觉得它的产品物美价廉。Trader Joe's并不是我在食品店上的唯一选择，在必要的时候我会去其他食品店购买食品。但在可预见的未来，我觉得我还是会去那儿买吃的，因为它做得足够出色。

我去Whole Foods买食物——亚马逊公司（AMZN）[黄桶]

为了买到新鲜的有机农产品，我经常光临Whole

Foods。我喜欢这家店，不过它定价较高。条件允许的时候，我更喜欢去农贸市场买农产品，但由于 Whole Foods 覆盖一年四季的便利性，我很有可能在未来一段时间里还是去那里消费。

我在开市客买杂货和其他东西——

开市客公司（COST）[绿桶]

我和我太太都爱开市客，特别是在可以送货上门之后。在商品性价比方面开市客独占鳌头。我们相信在未来很长一段时间里我们都会是开市客的顾客，而且如果它不在了，我们会十分怀念它。

我在亚马逊买各种东西——

亚马逊公司（AMZN）[绿桶]

亚马逊的便捷性是无与伦比的。我个人不太喜欢去线下商店——逛商店甚至会让我心情不好，亚马逊帮我避免了这种沮丧。所有我需要的东西在亚马逊网站都能找到。同时，作为一个亚马逊的高级会员，大部分货物我都可以在一两天内收到，并且邮费全免。我很可能会在可预见的未来一直用亚马逊，如果它不在了，我会非常怀念。

我用 TD Ameritrade 交易股票——嘉信理财公司（SCHW）[黄桶]

我用 TD Ameritrade 交易股票，但同时我也有其他交易平台可供选择。我可能短期内不会更换平台，因为 TD Ameritrade 足够好用，而且我喜欢它交易免佣金，但我并不需要它提供的服务。

我用 Venmo 给朋友们转账——PayPal 公司（PYPL）[绿桶]

我使用 Venmo 给别人转账的频率越来越高。我觉得它很棒——操作便捷且用户覆盖很广。它甚至让给别人转账变得有趣。对我来说，用 Venmo 转账正在取代现金交易。我觉得在未来很长一段时间里，我会更加频繁地使用它，如果它不在了，我会极其怀念它。

我买汽车保险和房屋保险——Allstate 公司（ALL）[黄桶]

我曾想过换成 Geico 保险，但最终没有那么做。换保险是件复杂、烦人的事情，多年来我每个月向

Allstate 支付保费的原因是我被强制要求拥有保险，而且不幸的是，在可预见的未来我还要继续支付下去。但我不认为我需要 Allstate 的存在，也不觉得它有什么特别之处。

我在 Vitacost 上买长保质期的食物——克罗格公司（KR）[黄桶]

我和我太太都在 Vitacost 上买大包装、长保质期的食物，因为 Vitacost 有很多价格便宜的精选健康食品可供选择。我们非常喜欢 Vitacost 的服务并打算一直用下去。然而，如果 Vitacost 消失的话，我们也不会有多大损失——Vitacost 里的东西我们在别处也可以买到。同时，我们也对经常出现的罐子凹陷和瓶子破损感到不满。

我用 Roomba 清扫房间——iRobot 公司（IRBT）[黄桶]

作为礼物，我和我太太收到了一台 Roomba 清扫机器人，我觉得它还不错。虽然它有时会被卡在沙发下面，而且清扫全屋的耗时也比较久，但总体来说我还是喜欢它的。在可预见的未来我和我太太大概率会继续使用它，并且在某个时间点我们很可能会再买一个。但我不认为Roomba清扫机器人是我们的必需品，也确实不觉得它比市场上其他同类产品更好。

我在Sweetgreen吃午餐——非上市[黄桶]

我经常在Sweetgreen吃午餐。它的午餐质量相比其他大多数连锁沙拉快餐店更胜一筹。Sweetgreen的手机App线上点餐功能是非常便捷流畅的，它的返利和客户忠诚计划也不错，而且午餐高峰时段的取餐管理极其高效。在当下，我计划在未来较长一段时间里继续光顾Sweetgreen，如果它消失了，我会感到失落。但是，这种在Sweetgreen吃午餐的常态因为新冠疫情的暴发而发生了改变。如果我不再每天去办公室，Sweetgreen对我来说就没有那么重要了。

我寄送快递包裹——UPS公司（UPS）[黄桶]、联邦快递公司（FDX）[黄桶]

我家收到的大部分快递包裹都是由UPS、联邦快递公司或者邮政局投递的。我通常不会特意挑选快递公司。通常我会去邮政局邮寄包裹，而对于重要的东西，我会选用联邦快递公司。但每次我都会被联邦快递公司差劲的服务和高昂的价格震惊到。我可能会继续使用这三家的服务，但我并不特别需要它们中的某一家。

我使用网约车出行——Uber 公司（UBER）[绿桶]、Lyft 公司（LYFT）[蓝桶]

对我来说，网约车已经取代传统出租车了，而且我感觉这种替代不可逆转。我的手机上同时安装了 Uber 和 Lyft 软件，但我更喜欢 Uber，因为我相信不管我在什么位置，都能有一大批的 Uber 司机可约。而且相较 Lyft，Uber 的软件功能也更让我喜欢。我觉得 Uber 的服务棒极了。在当下，我觉得我永远不可能删掉 Uber 软件，但或许会删掉 Lyft 软件。如果 Uber 不在了，我一定会非常怀念。

我和我太太用 Etsy 买礼品和小众物件——Etsy 公司（ETSY）[绿桶]

在过去的大概 9 个月里，我和我太太（尤其是她）

每周都会浏览 Etsy 网站很多次。我们在 Etsy 上选购精心设计的定制礼品，并且还找到了我们在其他地方找不到的有机衣服——这一点很独特。我们非常喜欢这个平台，并且认为在未来很长一段时间里都会使用。如果它消失不见，我们会感到失望。

我在爱彼迎上查询度假房出租的信息——爱彼迎公司（ABNB）[绿桶]

我近几年用爱彼迎租过几次度假房。它的服务很棒，而且使用非常便捷，尤其是当我在没有知名商务酒店的地方寻找住处的时候。爱彼迎的房源非常丰富，以至于我相信所有的好房子都已经挂在爱彼迎上了，因此感觉没有必要再去看其他网站。最近我几乎每天都会查看爱彼迎这个软件——拖动地图并憧憬着下次度假的可能去处，这已经几乎成了我的日常消遣活动。如果爱彼迎不在了，我会非常怀念它的服务。我有可能一辈子都用爱彼迎，这没什么好惊讶的。

我在 Chipotle 吃午餐——Chipotle 公司（CMG）[绿桶]

我时常光顾 Chipotle 的原因是 Chipotle 的食物用

料实在，而且便捷、便宜又美味。它的线上点餐平台好极了，客户忠诚计划也做得很好。到目前为止，每当我在美国的一些地方旅行的时候，Chipotle 都是我最好、最值得依赖的用餐选择。在未来很长一段时间里我都会是它的顾客，如果它不在了，我一定很怀念它。

3. 偶尔使用的产品或服务

我在 Uber Eats 上点外卖——
Uber 公司（UBER）[黄桶]

直到最近我才开始用 Uber Eats 点外卖。我很喜欢 Uber Eats 的服务。虽然 Uber Eats 有点贵，但确实很方便。我观察到用 Uber Eats 点外卖正在成为我的一种偶然性行为，但它提供的服务不是我必需或失去之后会特别怀念的。

我乘坐飞机出差或度假——达美航空（DAL）[黄桶]、
捷蓝航空（JBLU）[黄桶]

虽然新冠疫情加速了视频会议的应用，而视频会议会降低我公务出差的频率，但我认为在可预见的未来我或多或少还是会有乘机出行的需求。我最喜欢达美航空，然后是捷蓝航空。但是，我选航空公司最终还是看哪家票价最便宜。所以，尽管未来很多年我还会乘坐达美公司和捷蓝公司的航班，但我并不是特别需要它们中的哪一家。

我出差或度假时住酒店——希尔顿酒店（HLT）[绿桶]、万豪酒店（MAR）[黄桶]

我真的很喜欢希尔顿酒店和万豪酒店，无论因公出差还是个人旅行我都住这两家酒店。在这两家酒店中我更偏向希尔顿酒店，因为多年前我就加入了它的客户忠诚计划，希尔顿酒店也通过提供多次的免费住宿和升房服务来对我优加款待。而且，当我和我太太开着一辆野营车（我们把一辆厢式货车改装成了野营车，开着它去全国各地参观各种国家公园）周游全国时，希尔顿这个值得信赖的品牌让我觉得我和我太太在全国各地都有自己的家——当我们探索那些陌生的小镇和城市之时，这种如家的感觉让我们感到非常舒适。在未来很长一段时间里，我们可能会继续用这两家公司的服务，尤其是如果希尔顿消失了，我会非常怀念。

我和我太太在 TJ Maxx 购物——
TJX 公司（TJX）[黄桶]

我太太常去 TJ Maxx，她太喜欢那儿了。不幸的是，我并不喜欢去那里，但又经常被拖着去。更不幸的是，这种被拖着去的情况并没有终止的迹象。新冠疫情期间我们确实有段时间没去，我不再被拖去 TJ Maxx 这件事尚存希望。我绝不会认为我们需要 TJ Maxx——虽然我太太的感觉可能跟我正好相反。

我去家得宝或劳氏买家装用品——家得宝公司（HD）[绿桶]、劳氏公司（LOW）[黄桶]

过去几年房子装修和野营车改装时，我曾多次去逛家得宝。有几次劳氏距离更近的时候我也去过劳氏，但我更喜欢家得宝店里带给我的那种货仓的感觉。两家店对我房子装修和野营车改装这两件事都特别有帮助——我实在不知道除了这两家以外还有其他什么地方能买到我需要的这些家装材料。如果家得宝不在了，我会很失落，我感觉未来几年我还会一直去逛家得宝。

4. 不常使用的产品或服务

我在塔吉特买家装用品——塔吉特公司（TGT）[蓝桶]

我和我太太最近一直去塔吉特买家装用品，我们喜欢塔吉特，但如果我们必须换到其他商店去买这些东西，那也没什么大不了的。

我在百思买购买电视和电子产品——百思买集团（BBY）[蓝桶]

我在百思买店买过电视，因为这家店离我家很近，而且当我想买什么电子产品时，首先想到的就是百思买。但我买电子产品的频率很低，而且我也很容易去其他的店买这类东西，比如开市客、沃尔玛或亚马逊。

我去 Banana Republic 买工作服——Gap 公司（GPS）[蓝桶]

当需要买工作服时我会去 Banana Republic 逛逛，但去的频率并不高。我喜欢 Banana Republic 这家店，但必要的话也可以轻易换去其他的店。

家里装修时我去宣伟买涂料——

宣伟公司（SHW）[黄桶]

装修我们的房子时，我和我太太曾用过宣伟（Sherwin-Williams）牌子的涂料，因为我的姻亲告诉我们这家的涂料最好用。它的色彩选择和涂料质量让我印象深刻。它的客户服务也不错，而且我还被它高超的专业技术震惊到了——只要你给出样本，它就能匹配到或调制出任何你想要的颜色。我想未来我会是宣伟的常客，但必要情况下我也有别的品牌可选。因此，如果它不在了，我不会怀念。

我在 CVS 买生活用品——

CVS Health 公司（CVS）[蓝桶]

只有当家里的什么东西用完了，而且我又刚好开车或走路经过 CVS 的时候，我才会从 CVS 买东西。我不从 CVS 大量购物，因为这里东西太贵，产品种类也有限。所以，虽说去 CVS 购物有时比较方便，但它对我来说并不是必需的。

我在唐恩都乐买咖啡——Dunkin Brands 公司（DNKN）[蓝桶]

我常去唐恩都乐，但仅仅是因为它就在我办公室的隔壁。我认为它的咖啡没什么特别之处，所以我并不是特别需要它。而且，如果我的办公室离它再远一个街区，我可能就不会去了。

5. 想要但没有的产品或服务

特斯拉电动车——特斯拉公司（TSLA）[黄桶]

我很想买辆特斯拉，我觉得它是路上跑的车里最特别的，而且看上去驾驶特斯拉是一件充满乐趣的事情。或许特斯拉是过去很长一段时间里最酷的发明之一。在我眼里，现在特斯拉就像电动车界的苹果：其他厂商会试图模仿，但市面上的电动车永远只会被分为特斯拉和其他车。即便如此，但我现在并不想马上买辆特斯拉，因为我没有地方充电，我经常进行超出目前电池续航里程的长途旅行。另外，它太贵了。

一辆 Peloton Bike——Peloton Interactive 公司（PTON）[黄桶]

我觉得 Peloton Bike 很特别，我可能迟早要买一辆。不过我没准备现在就买，因为我还没想好把它放在哪儿，而且我在成本上也有点纠结，不过或许某天我会买一辆。

Life Time 健身房的会员——非上市 [黄桶]

我太太是 Life Time 健身房的会员，我很喜欢以我太太邀请的访客的身份去 Life Time 健身房。我觉得 Life Time 健身房很棒，像个健身方面的乡村俱乐部。我想加入会员，但目前还找不到理由说服自己办两张会员卡，毕竟我还有其他更划算的选择。不过，或许哪天我会加入会员。

我希望附近有家 Grocery Outlet 店——Grocery Outlet 公司（GO）[黄桶]

Grocery Outlet 这家店是我和我太太开着野营车在西海岸旅行时发现的，我们觉得这家店好极了。这家店里高品质大牌商品的折扣十分吸引人。在西海岸的那几个月里，我和我太太逛遍了所有 Grocery Outlet 店。真希望在东海岸的我们家附近也能有家 Grocery Outlet 店——如果有的话，我们一定会是常客。

从 RH 店置办家具——RH 公司（RH）[黄桶]

我和我太太不在 RH 店购物，因为这家店里的东西实在是太贵了，但我们喜欢 RH 店里的所有商品。要不是因为价格贵，或者说如果我们有足够的钱可以不在乎价格，我们大概会从 RH 店中购买所有家具。这是个我们向往的品牌。

■■■

现在你知道什么是“重要的”产品或服务了！

你已经把你用的产品和服务都梳理了一遍，基于你对它们的重要性的评估，你把它们放在了不同颜色的桶中。

下一步，就是把绿桶、黄桶、蓝桶中的公司进行排名，这些排名会帮你决定买哪些股票以及每只股票分配多少资金。

第三步：对“日常清单”中的股票进行排名

你已经把困难的部分搞定了！

在第一步和第二步中，你已经仔细地识别和评价了在你生活中意义最重大的产品和服务。

下一步是把这些已经归类到绿桶、黄桶和蓝桶的公司进行排名，这个排名将帮助你确定哪些股票要买入以及各只股票分别分配多少资金。

先把绿桶、黄桶和蓝桶里的股票分别单独列出来。如果某家公司因为拥有多种产品和服务而在你的名单上多次出现，而你把这些产品和服务放在不同颜色的桶中了，那么在列这些公司的时候遵循“就高”原则。

比如，在我的清单中，亚马逊核心的电商业务被归入绿桶，而亚马逊同时又作为 Whole Foods 的股东被归入黄桶。由于绿桶评级比黄桶高，我会把亚马逊整体就高归类为绿色股票。

我们之所以选择就高处理，是因为即使某家公司仅有一部分业务足够特别到能拿到你的绿桶评级，你也应该优先考虑持有这家公司的股票。不要因为金子跟银子掺在一起就忽略了金子。

是金子总会发光，而且华尔街的分析师们尤其擅长识别一家公司已显露且被低估的价值。虽然这些价值显露的用时和具体方式多种多样，但总有一天被低估的价值会被市场追捧，这种现象值得我们去赌一把。

举例来说，如果你认为独特的那部分业务与上市的母公司相比规模很小，那么由于投资者无法直接投资这个独特的业务板块，这个业务板块的价值就可能被低估。然而，如果这一小部分业务足够特别，会有几种可能的情况出现。一种可能的情况是，这部分业务持续增长，最终规模足够大到让这部分业务的价值与母公司整体的股价高度关联，在这种情况下，这个业务板块在投资者给整个公司估值时将受到更多重视。

另一种可能的情况是，公司管理层（有时候是在激进投资者的督促下）慢慢认识到了这个被低估业务板块的价值，选择出售它或者把它分拆出来单独成立公司。这种出售会强制投资者基于这个业务板块自身的价值来定价，这种定价方式往往可以让业务板块以能够体现其应有价值的高溢价出售。分拆操作同样会强制投资者基于这个独特业务板块自身的价值（而不是母公司的价值）来定价，这往往会提高投资者对它的兴趣，因为从此这个独特业务板块可以被直接投资。无论对这些独特业务板块是出售还是分拆，都能让原来隐藏的价值得以显露，并带来更高的估值。

多亏了有效的市场和能干的管理层，让你能够坚信公司的独特业务总会在某个时刻、以某种方式得到它该有的估值。这些事就交给专业投资者和公司 CFO 们吧。最终对我们来说最关键的是正确地识别这些业务是否真的独特，而且你现在已经意识到，识别业务是否独特才是你的专长。你的职责就是遵照我们所强调的流程，专注于识别你生活中那些重要的、能被放入绿桶的产品和服务。

对每个桶中的股票进行排名

现在你已经把公司分为了绿色、黄色、蓝色三类，接下来把每个桶里的公司进行排名。

先按使用频率把股票进行初步排名。例如，把分到“每天都用的产品或服务”组的股票排在最前面，然后是“经常使用的产品或服务”组，再之后是“偶尔使用的产品或服务”组、“想要但没有的产品或服务”组，最后是“不常使用的产品或服务”组。

我们按使用频率对股票进行排名，是因为通常来说最常用的产品和服务是你生活中最不可或缺的。假如同样颜色和同样使用频率的股票有多只（例如，多只绿桶中的股票都在“每天都用的产品或服务”组中），那么你必须做出价值判断。你需要判断哪家公司的产品或服务对你来说更重要。比如，在我的清单中我就必须确定亚马逊还是开市客对我更重要。

有时候情况会是我在对 Alphabet 排名时遇到的那样——Alphabet 拥有四个被我放入绿桶的产品和

服务，这给我留下了非常深刻的印象，于是我决定把 Alphabet 列到所有公司的第一位——尽管绿桶中还有其他公司也在“每天都用的产品或服务”组中。

我要说明的是，“想要但没有的产品或服务”组中的股票要排在“不常使用的产品或服务”组的股票之前。这样排列的原因是那些你特别想要的东西，相较你现在已经在使用但是对你并不重要的东西，更有可能成为你生活中的重要部分。被分到“不常使用的产品或服务”组的，许多是不仅现在对你不那么重要，未来也不可能变得重要起来的公司。

遵循上述框架，将每个桶中的股票梳理一遍，并把它们按照排名罗列。

下面是我在 2021 年 4 月更新的个人“日常清单”股票排名。需要注意的是，我在排名下面写出了每个桶的分类标准。我推荐你也这么做，因为这样可以持续提醒你每种桶的入选标准。随着时间推移，这些标准将会印入你的脑海，以后你凭直觉就能够划分绿色、黄色和蓝色股票。

爱德华·瑞安的“日常清单”

更新于 2021 年 4 月 30 日

股票排名（公司或股票代码）

绿色股票：GOOGL、AAPL、MSFT、ZG、FB、TWTR、AMZN、UBER、ABNB、PYPL、COST、CMG、ETSY、HD、HLT

黄色股票：NFLX、AXP、JPM、ZM、ATUS、VZ、SIRI、Sweetgreen、Trader Joe’s、SCHW、KR、ALL、FDX、UPS、IRBT、MAR、TJX、LOW、DAL、JBLU、TSLA、Life Time Fitness、PTON、RH、GO、SHW

蓝色股票：XOM、RDS.A、LYFT、TGT、BBY、GPS、CVS、DNKN

入选标准

绿色股票：我经常用这个产品 / 服务；我特别喜欢它 / 觉得它有价值；我不能或不想替换掉它；在可预见的未来我很可能会继续使用；如果它不在了我会很怀念它。

黄色股票：我经常用这个产品 / 服务，未来可能继续使用；我喜欢它 / 觉得它有价值，但假使没有它我也能接受，或者在必要时我能用类似产品替代它。

蓝色股票：我用过这个产品 / 服务，但我并不是特别需要它，或者我不认为它很特别。同时，我可以用别的产品轻松将它替代，且不会怀念它。

■■■

现在你已经完成股票排名了！

你已经将一个由所有生活中在用的产品和服务组成的宽泛列表提炼成了一个高度聚焦的股票排名。

在下一步中，我们将基于排名把资金分配到这些股票上。

第四步：投资于“日常清单”中的股票

现在你已经对“日常清单”中的股票进行了排名，已经做好了投入资金的准备。

在买入一只股票之前，你必须确定：我应该拿多少钱来投资？

关于应该拿多少钱来投资的这部分内容将在后文我的建议部分详细阐述。第 3 个建议“多元化资产配置”，会协助你思考如何把你的可用资金在不同的资产类别间进行分配。不把所有鸡蛋放在同一个篮子里是明智之选。

你投资于“日常清单”中股票的资金应该只占你储蓄的一部分，以确保你能承受这部分投资的风险。具体占储蓄的比例取决于你的年龄、风险偏好以及你的生活境况。

在你确定好可以让你从容投资的资金规模之后，我们的具体操作如下。

把你能分配于“日常清单”中股票的资金像下面这样按照颜色分成三组：

- 85% 的资金投资于绿色评级的股票；
- 15% 的资金投资于黄色评级的股票；

- 0% 的资金投资于蓝色评级的股票。

上述比例是对你投资于本书策略的资金如何分配的一个大致指导意见。这些都是目标的分配比例。如果刚开始时你投资的金额很小，可能很难一开始就恰巧完全达到这个目标比例——这没关系。随着时间的推移，你可以逐步朝这个目标比例靠拢。在本章后面部分我们再讨论怎样进行小额投资。

抛开我们已经做的这些工作不提，你时刻要铭记在心的总体目标是把你的资金集中在最有潜力成为长牛股的股票上。

基于我们之前的讨论，在本书策略中最有潜力成为长牛股的股票，是那些绿色股票。这就是我们将投资组合约 85% 的资金配置在绿色股票上的原因。

我们配置另外的 15% 资金到黄色股票上，是出于分散投资风险并保持一定灵活性的考虑。因为偶尔会存在少量你希望持有的黄色股票。

我们不配置任何资金在蓝色股票上。将蓝色股票放在你的视线范围内，或许随着时间的推移，它们将变成黄色或者绿色，但我们不在它们是蓝色时买入。

在绿色和黄色股票上配置资金时，我们一般会将股票的顺序作为优先考虑的因素。然而，对于那些排名相对靠后但是因为稀缺性或者近期强势进入了你的生活而脱颖而出的公司，可以保留一些灵活性。

但是，在大多数情况下，总体原则是排名最靠前的股票配置最多的资金，然后随着股票排名下降，所投资金也相应减少。

理想情况下，最终你应该至少在每只绿色股票和一部分黄色股票上有一定比例的投资。

达到上述这种均衡投资组合所需要的时间，取决于你初始投资金额的大小。为了让你体会一下对不同规模的资金大概要如何操作，我们分三种情况进行讨论：

1. 初始投资金额 10 万美元；

2. 初始投资金额 1 万美元；

3. 初始投资金额 100 美元。

初始投资金额 10 万美元

我们从初始投资金额 10 万美元的例子开始说起，是因为这样能够把我们理想的组合情况做一个清晰的描述。以 10 万美元开始投资时，在分配 85% 资金到所有绿色股票、15% 资金到部分黄色股票时不会遇到任何操作上的问题。

分配资金这件事没有具体的计算公式，但如果假设我要基于我在第三步中的股票排名列表，以 10 万美元构建一个“日常清单”股票组合，我可能像下面这样分配资金。

作为回顾，我在第三步中的股票排名如下：

- 绿色股票：GOOGL、AAPL、MSFT、ZG、FB、TWTR、AMZN、UBER、ABNB、PYPL、COST、CMG、ETSY、HD、HLT

- 黄色股票：NFLX、AXP、JPM、ZM、ATUS、VZ、SIRI、Sweetgreen、Trader Joe's、SCHW、KR、ALL、FDX、UPS、IRBT、MAR、TJX、LOW、DAL、JBLU、TSLA、Life Time Fitness、PTON、RH、GO、SHW

这里我省略了蓝色股票，因为我们不投资于蓝色股票。

表 3-1 举例展示了如何把 10 万美元投资于这些股票。在表 3-1 后面的内容中我解释了这样一套分配方案是如何得出的。

在表 3-1 所示的示例中，我几乎完美地实现了"85% 绿色股票、15% 黄色股票"的目标比例，但你不必纠结于比例上的完美精准，如果比例有上下几个百分点的偏离，是不会影响整体策略的。只要接近这个目标比例就行。

表 3-1　以 10 万美元构建“日常清单”股票组合示例

股票代码	股票颜色	股价[①]（美元）	买入股数	投资资金（美元）
GOOGL	绿色	2 400	3	7 200
AAPL	绿色	130	50	6 500
MSFT	绿色	260	24	6 240
ZG	绿色	135	45	6 075
FB	绿色	328	18	5 904
TWTR	绿色	67	88	5 896
AMZN	绿色	3 310	2	6 620
UBER	绿色	57	104	5 928
ABNB	绿色	175	33	5 775
PYPL	绿色	270	21	5 670
COST	绿色	365	14	5 110
CMG	绿色	1 515	3	4 545
ETSY	绿色	218	21	4 578
HD	绿色	325	14	4 550
HLT	绿色	125	35	4 375
绿色股票总计				84 966
NFLX	黄色	550	6	3 300
AXP	黄色	150	20	3 000
JPM	黄色	150	19	2 850
ZM	黄色	332	9	2 988
TSLA	黄色	725	4	2 900
黄色股票总计				15 038
股票组合总计				100 004

①股价时点为写作本书时的 2021 年。

配置资金到绿色股票

你会注意到，总体来说，我配置的资金量随着股票排名的向后顺延而逐渐递减。我排名第一的 GOOGL 得到了最高的投资金额分配，随后的股票投资额跟随排名依次减少。

资金的分配并没有明确的计算公式。一个简单的思路是用你分配到绿色股票上的总资金量除以你的绿色股票只数。

在本例中，我要投资 85 000 美元（10 万美元的 85%）到 15 只绿色股票上，这样就是每只股票 5667 美元。也就是如果我平均分配的话，每只股票将投资 5667 美元。

但是，因为我喜欢把更多资金投到排名靠前的绿色股票上，所以我把 5667 美元作为中位数。排在前面的（也是我认为确定性更强的）绿色股票将得到较多资金，排在后面的（也是我认为确定性更弱的）绿色股票会得到较少资金。

有时高价股会导致投资规模有所偏离，这在所难免。比如，AMZN 现在每股 3310 美元，所以你看到我投资于 AMZN 的钱比排在它前面的股票要稍微多一些。

由于 AMZN 股价太高，我只有两种合理选择：我可以用 3310 美元买一股，让 AMZN 在组合中的权重略低于它的排名，或者我用 6620 美元买两股，让 AMZN 在组合中的权重略高于它的排名。最后我选择了买两股。

我要说明一点：在分配资金时股票股数并不重要，唯一重要的是你投资的金额。你买十股 10 美元的股票，和买一股 100 美元的股票是一样的——你同样拥有 100 美元股票资产。

在这个过程中，股价的唯一影响，就是我们把钱按比例分配在多只股票上时需要考虑它。请聚焦于你配置在每只股票上的金额，而不是买入的股票数量。

配置资金到黄色股票

现在我已经把 8.5 万美元配置到了 15 只绿色股

票上，接下来我要去把剩余 1.5 万美元配置到黄色股票上。

再次强调，这些配置比例的得出并不涉及科学的推导。在绿色股票中我分配资金最少的是 HLT——4375 美元，因此，我就把这个数额作为黄色股票的最高分配额。这样设定仅仅是基于常识，因为黄色股票的确定性不如绿色股票，所以我就想在黄色股票上投资更少的金额。

这个例子里，我选择了在 5 只黄色股票上各投资大约 3000 美元。我买了 NFLX、AXP、JPM 和 ZM，因为它们在我的黄色股票里排名最靠前。同时，我还买了 TSLA，尽管它排在一些黄色股票后面，但它比其他黄色股票更具特殊性和稀缺性，因此脱颖而出。如前文所述，在一些特定情况下，你可以偏离股票的排名做一点儿适当的调整。

当有新的股票加入绿桶

在我们这套按照排名顺序依次配置同色桶内股票

的操作中有一个明显的例外情况，这种例外情况发生在有新股票被纳入绿桶的时候。在建立起“日常清单”并随着时间的推移持续维护和更新它的基础上，你需要高度关注那些新加入清单的绿色股票。

正是这种投资新加入绿桶股票的机会，使得本书策略如此与众不同——这个方法会在早期就提醒你关注某只潜在长牛股，这为你顺利抓住这只股票涨幅中的更大部分提供了可能。

当某只股票首次被纳入绿桶时，请想象烟火和警报四起的场面！有股票新进入绿桶是行动的信号！这只股票需要被优先考虑，不管它在绿桶中的排名顺序如何。

比如，现在 GOOGL 在我的清单中排名第一，它已经占据这个位置很长时间了——它从 2004 年起就被我纳入绿桶，而 PYPL 近几年才首次进入绿桶。因此，这种情况下我优先考虑的是建仓买入 PYPL，而不是加仓 GOOGL，尽管在我的清单中 PYPL 的排名并没有超过 GOOGL。

尽管密切观察新进入绿桶股票的重要性更多地体现在实时更新和新增仓位的过程中，但你在初始投资时也可以考虑新进入绿桶股票这一因素。

如果你在首次创建“日常清单”并为清单中的股票排名之后，突然发现这些绿色股票中有一只是在近期强势地闯入了你的生活，那么分配略多于排名对应的资金到这只股票上是可以被接受的。

初始投资金额 1 万美元

前文所介绍的 10 万美元的投资组合是理想的目标。实际上，即使你以较少的资金开始投资，让你知道理想的 10 万美元组合的构成也是有帮助的。这会让你明确知道你该往什么方向努力。

如果你以 1 万美元为投资起点，你可能难以投资于所有绿色股票和部分黄色股票——这取决于你的绿色股票有多少只。这没有关系。

我现在的“日常清单”上有 15 只绿色股票，但这个数字会随时间变化。因为绿色、黄色、蓝色股票是根据我们各自对公司的看法而来的，所以各个桶中的股票数量会随着我们看法的改变而有所调整。

如果你只有少数几只绿色股票，那么可能一开始你就能把 1 万美元投到每一只股票上。我要说明的是，只有少量——甚至少于 5 只的绿色股票是没有问题的，但在这种情况下后面的第 2 个建议——“用 ETF 对冲风险”就会变得更为重要。在那一章中，我们会说到要为每一美元“日常清单”股票匹配一美元跟踪市场整体的 ETF，这将有助于你更好地分散投资。

如果我要基于我的排名列表，用 1 万美元开始构建“日常清单”股票组合（包括 15 只绿色股票），我可能像下面这样配置资金。

作为回顾，我在第三步中的股票排名如下：

- 绿色股票：GOOGL、AAPL、MSFT、ZG、FB、TWTR、AMZN、UBER、ABNB、PYPL、COST、CMG、ETSY、HD、HLT

- 黄色股票：NFLX、AXP、JPM、ZM、ATUS、VZ、SIRI、Sweetgreen、Trader Joe's、SCHW、KR、ALL、FDX、UPS、IRBT、MAR、TJX、LOW、DAL、JBLU、TSLA、Life Time Fitness、PTON、RH、GO、SHW

这里我省略了蓝色股票，因为我们不投资于蓝色股票。

表 3-2 举例展示了如何把 1 万美元投资于这些股票，在表 3-2 后面的内容中我解释了这样一套分配方案是如何得出的。

你可以看到，我无法用这 1 万美元购买所有绿色股票。

在资金足够的情况下，我一般每只股票最少配置 1000 美元。这会降低股票的佣金费用（佣金费用在“初始投资金额 100 美元”的例子里再讨论）。而且，从心理学的角度来说，每只股票最少配置 1000 美元，会让我觉得在这只股票上的仓位更重一些。

表 3-2　以 1 万美元构建"日常清单"股票组合示例

股票代码	股票颜色	股价[①]（美元）	买入股数	投资资金（美元）
GOOGL	绿色	2 400	1	2 400
AAPL	绿色	130	13	1 690
MSFT	绿色	260	5	1 300
ZG	绿色	135	9	1 215
FB	绿色	328	4	1 312
TWTR	绿色	67	16	1 072
AMZN	绿色	3 310	0	0
UBER	绿色	57	18	1 026
ABNB	绿色	175	0	0
PYPL	绿色	270	0	0
COST	绿色	365	0	0
CMG	绿色	1 515	0	0
ETSY	绿色	218	0	0
HD	绿色	325	0	0
HLT	绿色	125	0	0
绿色股票总计				10 015
NFLX	黄色	550	0	0
AXP	黄色	150	0	0
JPM	黄色	150	0	0
ZM	黄色	332	0	0
TSLA	黄色	725	0	0
黄色股票总计				0
股票组合总计				10 015

①股价时点为写作本书时的 2021 年。

基于以上原因，我大致把 1000 美元作为每只股票的最低初始投资金额——而且 1 万美元也足够多，可以允许这种操作。

股价也会在某种程度上影响我们的初始投资金额。GOOGL 是我清单上排名第一的股票，但它的股价为 2400 美元。我选择买一股，这使得我对它的投资比例略超过它在组合中应有的比例。

同时再看，AMZN 也是一只高价股——股价为 3310 美元，我决定暂不买入。虽然从它的排名情况来看，如果股价便宜一些是可以投资的，但我现在没有足够的钱，无法以一种使排名和权重相匹配的方式去配置这只高价股。在类似这样的情况下，你必须自行判断、灵活处理。

尽管初始 1 万美元的投资组合与我最终理想的投资组合尚有差距，但已经打下了一个坚实的基础。我现在已经重仓持有了我生活中最重要八家公司中的七家。

从这以后，随着我不断储蓄，我能用于投资的钱也越来越多，我的行动计划可能就会是在股价允许的情况下，各买入约 1000 美元的其余绿色股票。在本例中，我会想先存够资金买下一股 AMZN 股票，再去考虑买入黄色股票。

但正如前文所述，在处理高价股的问题上你需要独立判断。如果你在投资时发现某只绿色股票的股价相对你的整体组合规模高到离谱，那么你可以暂时先跳过这只股票不投。

比如，假设你有 1 万美元可供投资，而有只绿色股票的股价是 9000 美元，你可以先不买，等到拆股让股价更便宜或者你攒到了足够多的钱之后再出手。

买入碎股也是一个解决高价股问题的办法，我们在下一个例子中介绍它。

初始投资金额 100 美元

本书的投资策略并没有明确的最低初始投资金额

门槛。

你总要迈出第一步，因此如果你手里只有 100 美元，不要让过小的金额妨碍你开始行动。现在就一点点行动起来，这比等待时机完全成熟再一次性投入要好。或许那种万事俱备的时机永远不会出现。

在前面 1 万美元组合的例子里我们说过，让你知道理想的 10 万美元组合的构成对你来说是有帮助的，这会让你明确知道你该往什么方向努力。

有两个因素会影响你从少量资金（例如 100 美元）开始投资的具体方式，第一个因素是碎股。

碎股交易

如果你的证券经纪公司支持碎股（不足一股的股票）交易，那你可以用 100 美元买任意股票。

比如，脸书（FB）现在股价为 328 美元，你手里的 100 美元买不到一股。但如果你的证券经纪公司支持碎股交易，那你就可以用 100 美元买入大约 1/3 股。记住，重要的是你手里有多少钱，而不是你买的股票的数量。如果你的 100 美元只够买一点儿碎股，那也是没问题的。

只要能买碎股，时间长了你就可以买进所有的绿色股票。比如，如果能从拼凑出的小额资金逐渐扩大投资，我会先买 100 美元的 GOOGL 作为开始。然后，随着我储蓄和用于投资的资金不断增加，我可能会再买 100 美元的 AAPL，然后是 100 美元 MSFT，再然后是 100 美元 ZG，依此类推，直到我把所有绿色股票都买够 100 美元。

但是如果你的证券经纪公司不支持碎股交易，那么为了开启投资你必须积攒现金，直到你有足够的现金买一股排名最高的绿色股票。举例来说，如果你的清单里排名最高的绿色股票是 FB，那么你必须存够 328 美元（写作本书时的股价）来开启一股的头寸。

在不能买碎股的情况下，你要再次运用你的判断力来处理高价股问题。如果 GOOGL 是你清单里排名第一的股票，但你要为 2400 美元一股的股价攒很长时间的钱，那么你或许可以暂时跳过GOOGL而先从买其他的绿色股票开始。

佣金费用是以少量资金开启投资时需要考虑的第二个因素。

佣金费用

如果你的证券经纪公司免收交易佣金——现在很多公司都这么做了，那么仅以100美元开始投资是可以的。

但是，如果证券经纪公司收费，比如每次交易固定收取佣金10美元，那么这10美元就是你总金额的10%了。这种情况下，我建议你等存了更多的现金再开始投资，直到你用以投资的资金规模更大，从而使佣金占你总资本的比例更小一些。比如，一个明智之选可能就是攒够1000美元再投资，这种情况下10美元的固定佣金将只占你投资额的1%。

请记住，标普500的历史年化回报率大约是8%，如此推算，你肯定不想拿一年甚至更长时间的收益仅用来支付佣金。在佣金上常见的合理花费在1% ~ 2%或者更低的区间。

请记住，你跟你的证券经纪公司并不是“婚定终身”。如果碎股交易或免佣金服务对你很重要，那么你大可以物色一家口碑良好，且能提供碎股交易或免佣金服务的经纪公司。

■■■

不管你从多少资金开始投资，我们的总体思路都是逐渐建立一个平衡的投资组合。可能建立这个囊括所有绿色股票和部分黄色股票的组合会花一点儿时间——这没有关系。就像我在前面说过的，只要能够开始做就很好。

何时启动买入

我刚刚在前面三个例子中所讲解的，是你向“日常清单”股票配置资金这个具体动作背后的整体思考过程。

你可能会问一个问题：所有的初始投资金额一定要一次性投进去吗？

我的回答是：不一定。

在后文第 1 个建议“在市场下跌时买进”中，我们会讨论一个简单的技术指标，让你能够在市场回调时择时买入股票。我用这个技术指标来指导自己何时对已持有股票进行加仓。

上面提到的这个技术指标可以用作你首次搭建你的投资组合时的信号，这毫无疑问。但是，你们中的有些人可能是从其他股票投资中转出部分资金来构建这个新组合，在这种情况下，如果你打算用于构建新组合的资金是已经投资到股票市场中了的，那么等待市场回调这一操作就没有什么额外益处了。

除了上面提到的已在股市投资的这些人之外，其他人可能是从未涉足投资的状态中突然开始投资。这些迫切想要让手中资金快速产生效益的心急投资者，可能会想把计划投入到本书策略中的资金迅速、全部、一次性地投入股市——不论市场行情如何。当然，他们有权这样做。

更多的谨慎投资者可能会觉得通过慢慢入市摊薄成本更为从容。在前面提到的 10 万美元的例子中，他们可以每个月投 2 万美元，分 5 个月投，在更长的时间框架中把全部 10 万美元投入股市。这样做的效果是投资者能以 5 个月的平均价格建立投资组合，而不用承担在市场的阶段性高位一次性买入的风险。这种建仓方式也不错。

如果是我首次把资金投入"日常清单"股票，我采用的方法是：不管现在市场行情如何，当下先投入初始投资金额的一半。同时我会将剩下的一半预留，直到我们将在第 1 个建议中提到的技术指标显示市场已经超卖了再投入。这种做法会让我马上投身到投资事业中，建立绿色股票的仓位，但同时也能留足火力，以便应对我首次买进后，市场大幅下跌的可能情况。

从全局着眼

虽然建立目标组合的方法多种多样——取决于你

有多少初始资金、有多少绿色股票、是否可以零佣金交易、是否可以买碎股，但千万别迷失在这些细节里。

我们的目标很简单：我们想要搭建一个绿色股票权重很高的投资组合。

或许你得花点时间才能达成理想的投资组合目标，那没有关系，我也用了好多年才建立这种平衡的组合。你最终一定也能完成理想投资组合的搭建。

现在，你已踏上投资之路！

你已经将你所能承担的资金配置到了本书的策略之中，并已经基于你的股票排名和初始资金规模，在你的“日常清单”股票上进行了投资。

在下一步中，你会学到几个简单却有效的规则来实时管理你的投资组合。这些规则立足于你的“日常清单”实时变化的规则，将指导你何时卖出、减仓或加仓。

第五步：管理你的投资组合

现在，你已对自己“日常清单”中的股票进行了投资。

这些股票的市值不断变化，每天上下波动，但在本书策略中，我们并不关心这些短期的股价波动。事实上，你甚至完全不需要在这些短期股价波动上投入精力——从情绪的角度来说，也许不那么频繁地查看行情对你来说会更好。

要想管理好你的“日常清单”股票投资组合，你应该做以下三件事：

1. 每三个月检视一次“日常清单”；

2. 清楚何时卖出“日常清单”中的股票；

3. 知道何时再平衡你的“日常清单”股票投资组合。

每三个月检视一次“日常清单”

你应该持续检视你的“日常清单”。你不必每日检视——你的清单应该不会频繁出现大变化。但是，我建议你至少每个季度认真检视一次清单。当你检视时，请阅读你写在纸上的五个问题的答案，并扪心自问：已写的内容是否还符合你当下对各个产品和服务的看法。根据你现在的看法，更新你对公司的评价，然后基于新的评价，更新你的绿、黄、蓝三色评级以及排名。

另外，当你每个季度检视“日常清单”时，花点时间想想有什么新产品和服务可能已经悄然走进你的生活。有时新习惯和新行为完全形成于无意之中，可能是你对某个网站的访问变得更加频繁了，或是在上班路上驻足光顾了一家商店，抑或观看了一个新的电视频道。

这些新习惯和新行为可能是任何事，所以当安排时间检视清单时你要一并分配一点时间在检视新习惯和新行为上。你发现这些新习惯和新行为越早，对应的某只潜在绿色股票就会越早出现在你的视野之中。就像我在第四步中提到的，若有某只新的股票进入绿桶，你应该优先把钱投到这只股票中。

清楚何时卖出“日常清单”中的股票

会买的是徒弟，会卖的才是师傅。股票投资中最难的是知道何时卖。

长期持股是赚大钱的最佳方式，但长期持股并不意味着永不卖出。当然，如果你是在买跟踪市场的指数基金，那么抱有永不卖出的观点是没问题的。

但如果你要试图像我们投资绿色股票一样，投资于特定的个股以赚取超额收益，你就需要知道何时卖出。

不论多么伟大的公司都有生命周期。尽管经济和股票市场整体可能会永不停止地运转，但引领经济和股票市场的龙头公司却会不断更迭。

想想 20 世纪六七十年代的“漂亮 50”吧。“漂亮 50”是 50 只美国大盘股，当时它们被认为是优中选优的公司——对应的股票被认为可以永远持有。它们中的很多股票曾经大涨，但股价巅峰并未一直持续。其中有两家巨头——施乐和宝丽来，曾在很长一段时间中显赫一时。如果你在它们显赫的这段时间持有它们的股票，你会大赚特赚。然而，如果你一直不卖，最终你会亏掉全部或大部分的收益。

从图 3-1 所示的施乐公司的股价图上可以看到，自

20世纪60年代以来这家公司的股价出现了几次急剧拉升，但以50年以上的持有周期衡量，它并不是一只值得持有的伟大股票。20世纪60年代以及70年代初，它曾有过风光时刻，但紧接着在80年代就回吐了绝大部分收益。在90年代末的科技泡沫期，它的股价再次飙涨，但接着又一次跌了回去。相对于它的风光历史和广阔市场前景而言，现在这只股票还是在低位徘徊。

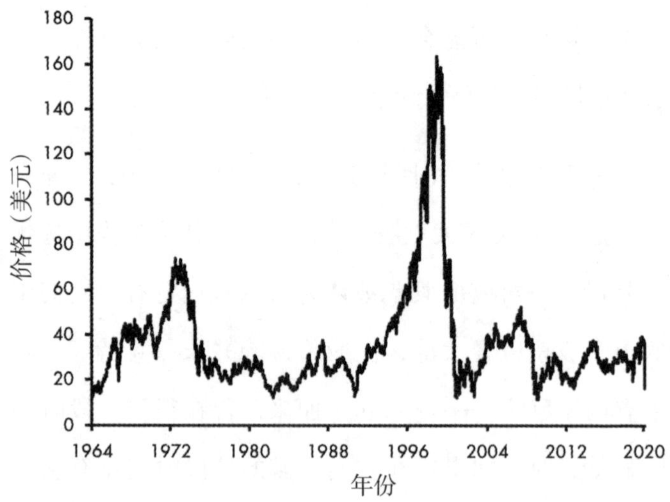

图3-1 施乐公司股价图（1964～2020年）

资料来源：Yahoo Finance.

今天你可能不太会想起施乐和宝丽来了。世界早已进入数字化时代，复印和胶片即时冲洗已变得不那么重要。

对任何一家公司来说，在很长的时间里一直跟上潮流都是非常困难的。技术变革、消费偏好变化都会是拦路虎。今日的先驱者可能就是明日的落后者。

如今我们正在亲历一种潜在的类似情况，少数知名、强大公司的统治地位看起来好像可以永远屹立不倒。但历史告诉我们这种永远维持统治地位的情况并不存在。

你可以持有这些占据统治地位的公司——在本书策略中，如果这些公司在你“日常清单”的绿桶中，你就应该持有它们，但是一旦到了该卖出的时刻，你需要客观地看待它们，不能感情用事。

本书策略使卖出的决策变得简单而直接。每当你检视并更新“日常清单”（至少每个季度一次），某只股票被降级或剔除之时，就依据下列简单的规则卖出股票：

- 如果你把一只绿色股票降级为黄色，你应该卖掉你在这只股票上一半的仓位，不论此时股价如何。
- 如果你把一只绿色或黄色股票降级为蓝色，或者从清单上完全移除，那你应该将它清仓，不论此时股价如何。

就是这么简单。如果你对一家公司产品或服务的使用行为或者看法有变化，那就卖出部分或全部的仓位。

比如，可能很久以来苹果公司对你来说都是绿色股票，因为你是苹果手机用户，你喜欢苹果手机，且无法想象如果没有苹果手机会是什么样。但如果后续在将来的某一刻，你出于任意某种原因决定把苹果手机换成另一个牌子，你换手机的行为应该以对 AAPL 降级的方式体现在你的“日常清单”中。在这个例子中，如果你把 AAPL 从清单中完全移出，那么你就应该清仓它的股票。

另一种情况是，可能你还没有换成另一个牌子的手机，但你有所动心。可能在过去很多年里你对于拥有苹果以外的手机毫无兴趣，但如今苹果手机对你来说不再那么不可替代。事实上，你已经在认真考虑尝试其他品牌手机的事情。这种情况下，“日常清单”中的苹果手机和 AAPL 应该从绿色降为黄色。同时，按照本书的卖出规则，你应该卖出这只股票一半的仓位。

这些聚焦于何时卖出的规则将有助于你免受他人意见的干扰。预测一只股票的股价顶点是不可能的，本书的策略不会试图做这种事。事实上，这些规则的存在是为了防止你持有那些对你不再重要、很可能对别人也不再那么重要的公司的股票。

在我们的卖出规则中，持股时间不是考虑因素。如果一只股票在你的“日常清单”中保持绿色评级长达 30 年，那么你就可以也应该在这 30 年中一直持有这只股票。

然而，如果一只股票仅维持了几个月的绿色评级，那你就该只持有它几个月。只要公司在你的清单上出现降级或被剔除出去的变化就卖出，不要担心持有时间过短，甚至不要考虑是否亏损。这是作为一名训练有素的投资者的必备素质。

记住，如果你成功抓到一只让你赚得盆满钵满的长牛股，它给你带来的盈利将远超你在其他错选的绿色股票上的损失。所以，当你“日常清单”上的变化提示你该卖出时，请不要犹豫，果断把这些亏钱的股票卖掉。

需要说明一下，好股长期持有与坏股果断止损这一策略，与传统的投资智慧完全吻合。这是一条专业投资者们试图践行的准则，也是一种他们试图培养的能力，但要做到这一点通常困难重重。

当只盯着股价时，你在感情上很难接受亏损离场，而且从一只长牛股中赚大钱也不是件容易做到的事。投资者和交易者们训练自己从情绪中抽离出来，用纪律约束自己。

本书的策略让我们不要看股价，而是执行“好股长持，坏股止损”这类投资策略，所以我们完全没有盯盘交易者的苦恼。我们不关心股价波动，只关心“日常清单”，并让投资组合反映这一清单。我们果断砍掉对我们不再特别的公司，剩下的公司只要依然对我们来说很特别，那就继续持有它们。

知道何时再平衡“日常清单”股票投资组合

如果你长时间持有长牛股赚了大钱，你的股票投资组合构成比例将会偏离我们在第四步中说的“85% 绿色股票、15% 黄色股票”的配置目标。

例如，如果一只绿色股票一直在涨，那么你的组合中绿色股票权重会提高。这完全没问题，我不建议你做再平衡。如果你的组合因为绿色股票大涨而偏离配置目标，那就继续偏离下去。

然而，如果你的组合中黄色股票权重大涨，比如达到 30% 或者更高水平，也许你该考虑平衡一些权重给绿色股票。

例如，我持有特斯拉的股票，它在我的清单中是黄色股票，由于股价大涨而成为我的重仓股（见后文特斯拉的案例）。因为特斯拉股价上涨把我的黄色股票权重拉升至了 30%，而我还不想把它调为绿色股票，所以我决定卖出一半的特斯拉股票，并用卖出所得资金购买绿色股票。

不论你此时的绿色股票和黄色股票总市值有多少，新进的加仓资金仍然按既定的指导原则分配：85% 投资于绿色股票，15% 投资于黄色股票。

■■■

现在你知道如何管理你的投资组合了。

你会定期更新“日常清单”，密切跟踪那些不断变化着的公司，然后基于你对公司的看法调整你的股票投资组合。

这就是“日常清单”股票投资的五个步骤。接下来我们要总结一下这五个步骤和我们学过的知识点。

总结五个步骤

你已经知道了这五个步骤。你现在是一名遵循“超简单的选股策略”的投资者了。你个人的生活喜好和选择将引领你找到下一只长牛股。

总结一下：

1. 你创建了“日常清单”，它囊括了你用到的所有产品和服务所属的公司。

2. 你认真回顾你用的每个产品和服务，判断哪些公司是最特殊的、最有可能成为伟大股票的。

3. 根据我们讨论的原则对“日常清单”中的股票进行排名。

4. 付诸实践，优先投资于绿色股票，特别是最近刚加到绿桶中的股票。

5. 至少每个季度仔细检视、更新你的“日常清单”，根据清单的变化调整你的投资组合。

这就是本书策略的核心内容。这五个步骤构成的投资框架，目的是帮你从日常生活中找到未来的伟大公司，并投资于下一只大涨的股票来赚钱。

虽然执行这五个步骤就能让你赚到钱，但我另外还有三个建议，可以帮你提高投资收益率并对冲一些投资风险：

建议 1：在市场下跌时买进；

建议 2：用 ETF 对冲风险；

建议 3：多元化资产配置。

这三个建议是重要的风险管理工具，让我有足够的信心把大部分的家庭财富配置到这一策略中。正是这三个建议，让我在跟家人、朋友还有读者们分享本策略时感到毫无压力。

下面我们逐一讨论这些建议，先从第 1 个“在市场下跌时买进”谈起。

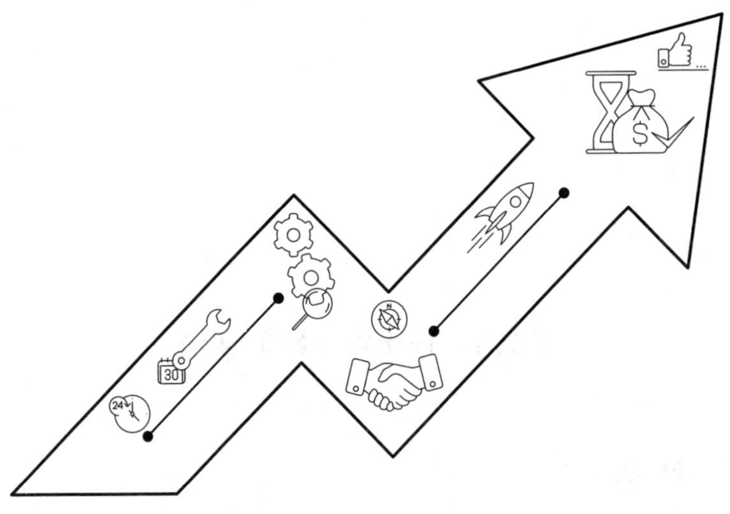

第 4 章

三个选股策略应用建议

建议 1：在市场下跌时买进

建议 2：用 ETF 对冲风险

建议 3：多元化资产配置

建议 1：在市场下跌时买进

低价买入

低买高卖是最重要的传统投资智慧，然而知易行难。大盘指数和个股市值不断变动，股价上上下下，没人知道股价何时下跌，或是跌到多深，或是持续多久。

但我们能确定的是：下跌一定会在某些时候以某种形式出现。过去是这样，未来也会是这样——只要人的本性、市场规则或经济规律没有发生根本性改变。

考虑到这一点，你要认识到：非专业投资者与专业投资者相比有一个巨大的优势——那就是时间。

专业投资者必须不断买入股票，机构付给他们工资就是让他们去投资，而不是把现金握在手里。他们的绩效表现是要与短期的业绩基准相比较的。你完全不需要担心这些，你甚至不需要买股票。只要足够有耐心和有纪律性，你就可以利用市场中必然会出现的大幅回调机会。

作为一个期望通过投资于企业，在未来几年或几十年中获利的长期投资者，市场下跌就是赚钱良机。传奇投资者沃伦·巴菲特说得好："如果你不养牛而又打算一辈子吃牛肉汉堡，这种情况下你是希望牛肉贵还是便宜？"

答案当然是便宜。对一个股票持有者来说，上述逻辑同样成立。如果苹果（AAPL）是一只绿色股票，你已经决定了要买进它，当然低价时买更有利，因为这时用同样的钱你能买到更多的股票！

当别人因恐惧而抛售时，正是买入股票的最佳时机。然而知易行难，因为当所有人都在争相卖出时，总是有值得关注的、与暴跌相关的坏消息。最重要的是，如果此时你的仓位已经很重，你将看到你的投资组合市值缩水。在你的财富正在流失时再去下重注，无论从精神上还是从感情上来说都很困难。正如前面说的，我们不知道市场会跌到多深、持续多久——你永远不知道是不是买在最底部，所以这时再用新进资金买入就难上加难了。

所以，在市场下跌时，你怎么知道何时是买入良机?

答案是：不可能知道。很多专业投资者学习估值指标来测度市场的买入时机。尽管估值很重要，“不要在高估时买入”的原则也很明智，但学习估值方法对非专业个人投资者来说不切实际。

专业投资者与你相比，拥有更好的、更贵的数据，却每天都在市场上为估值争论不休，所以想要比他们对估值有更深的理解是不现实的。

更何况，基于估值来择时交易对专业投资者来说也是困难重重。在市场大幅调整期间，由于估值的基础——公司盈利会暂时不明晰，因此估值体系有时会被扭曲。在经济萧条期，公司盈利会陷入混乱状态，而且经济收缩使公司盈利何时恢复也变得难以预测。这使这套估值方法体系很不稳定，基于估值的择时买入也不可靠。

由于估值分析的难度如此高，在这方面你也毫无竞争优势，“超简单的选股策略”推荐了另外一种在下跌时买进的简单方法。

一个在市场下跌时买入股票的简单方法

我们用一个叫作“随机振荡”的简单技术指标来衡量市场的交易趋势。“随机振荡”这个名字让人望而生畏，但不用担心，其实用起来非常简单。

市场上有无数的技术指标，我曾尝试并检验过大部分的指标，最后我发现能在市场下跌时达成加仓目标的最有效指标就是这个“随机振荡”指标。

原因如下：

市场整体的交易趋势以波浪般的节奏变动着，就像这样：买入趋势，紧跟着卖出趋势，然后又是买入趋势，循环往复。

我们不知道在买入趋势中股价还会涨到多高，也不知道卖出趋势中股价还要跌到多低，但我们能够识别出这些趋势本身。

“随机振荡”这个趋势指标，是用股票的收盘价除以一段时间内的股价区间得出的。当在一段较长的时间内应用这个指标时，它会产生相对稳定的上下波动，这可以在图表中监测到。

你可以在图 4-1 的下半部分看到过去十年里“随机振荡”指标应用在道琼斯工业平均指数上的情况。看看“随机振荡”指标是如何上下波动的。十年间道琼斯工业平均指数在波动中不断上涨，从图中的左下角一直涨到右上角，而“随机振荡”指标则在稳定区间内上下波动。

简单地说，为了买在低点，我们需要在“随机振荡”指标进入下行区间的底部时买入股票。

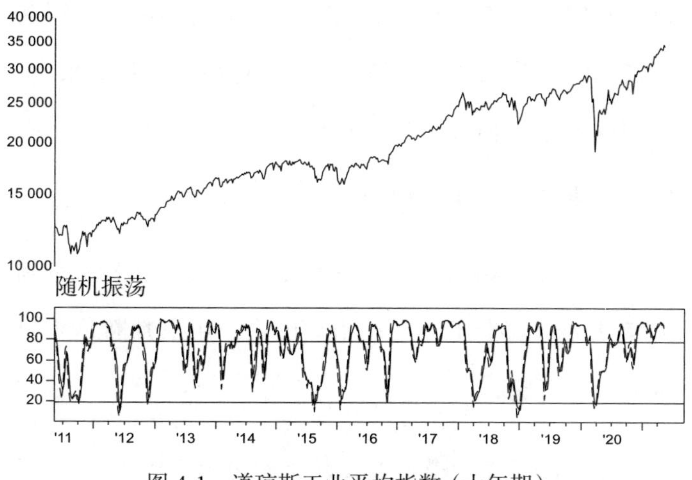

图 4-1 道琼斯工业平均指数（十年期）

资料来源：FactSet financial data and analytics.

你可以在任何一家券商的数据服务中找到“随机振荡”指标，也可免费使用雅虎财经和 CNBC 等网站的服务。[⊖]

如何使用“随机振荡”指标

如果你对“随机振荡”指标的计算方法感兴趣，可

⊖ A 股投资者可使用新浪财经网（https://finance.sina.com.cn/stock/），在搜索栏输入“上证指数”进行搜索，参照本书指引使用 RSI 指标辅助判断市场的相对位置。——译者注

以上网搜索“随机振荡”，你会发现有许多网站介绍这个指标的计算公式。我的重点不是这些，对我们来说，有用的不是如何计算这个指标，而是如何使用这个指标。下面我们聚焦于如何使用这一指标。

在本书的策略中，我们把“随机振荡”指标应用到五年期的道琼斯工业平均指数图中，用来判断是否出现超卖的情况。

你可能不想用道琼斯指数，而想用标普 500 指数，因为后者更能代表美国整体股票市场，但过去几年我发现，将“随机振荡”指标用在五年期的道琼斯工业平均指数图中识别市场底部更加有效。

举例来说，要在 CNBC 网站上看道琼斯工业平均指数图的“随机振荡”指标，直接打开网站主页按以下步骤操作：

1. 在搜索栏中输入“Dow Jones Industrials Average”后点击“搜索”，出现关于道琼斯工业平均指数的汇总页面。

2. 进入股价指数图后，点击图上的扩展箭头（右上角）可以放大。

3. 点击数据区间“5Y”，出现一个五年期的股价指数图。

4. 股价指数图的上方写着“1W”，它是指图中价格指数之间间隔一周。这是五年期指数的默认值，你可以不用去管。如果由于某些原因时间间隔变为一个月或一天，你可以再调回一周。

5. 然后点击“ Studies”（注意，在其他的数据服务中也被称作“ indicators”），会出现一个下拉列表，你从中选择“Stochastics”。

6. 在你选择“ Stochastics”时，“随机振荡”指标的波状线将出现在股价指数图下方的方框中。你可以保持以下默认设置：

- Period = 14
- Field = Close
- Smooth = Checked
- Overbought = 80
- Oversold = 20

就这么简单。

如果使用更高级的可以手动设置条件的数据服务，你可以这样设置：

- %K periods: 14
- %K slowing periods: 3
- %D periods: 3

这样设置的结果和主流数据服务默认设置的结果几乎是一样的。调整“随机振荡”指标的设置条件，可以改变指标测度的敏感性。我觉得默认设置已经提供了足够清晰有用的结果，所以我们用这些默认设置就好了。

图 4-2 所示的五年期道琼斯工业平均指数图中，“随机振荡”框的纵轴左侧有一些数字——从 0 到 100。对我们来说，这里面真正重要的数字是 20 和 80，可以看到这两个数字上分别有一条水平线。

当“随机振荡”指标跌到 20 以下时，我们认为市场处于超卖状态，而当指标涨到 80 以上时，我们认为市场处于超买状态。

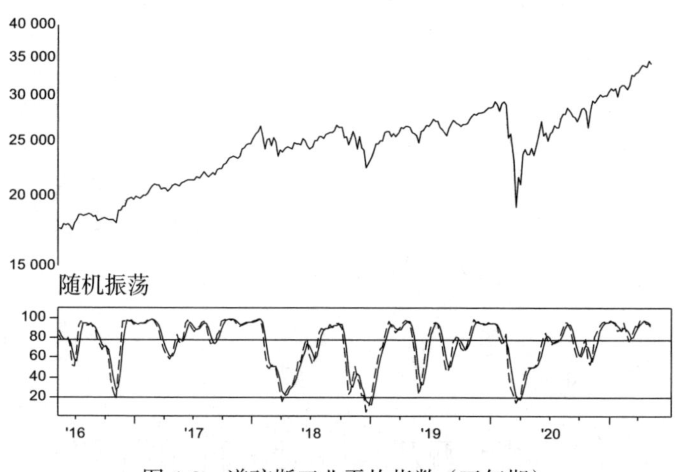

图 4-2　道琼斯工业平均指数（五年期）

资料来源：FactSet financial data and analytics.

很显然，谁都不能保证超卖状态下股价就一定会涨，此时股价可能跌得更低。但是，过去五年，每当道琼斯工业平均指数的“随机振荡”指标接近 20 的时候，市场就出现了最大跌幅，也到了最佳买点。这意味着，每当“随机振荡”指标接近 20，随后就会看到道琼斯工业平均指数的上涨，亦即个股股价上涨。

即使我们把时间轴拉长到 20 年，结果也是一样的。“随机振荡”指标的底部恰恰是超卖最严重之时——新冠疫情、次贷危机和科技泡沫破裂都是如此（见图 4-3）。

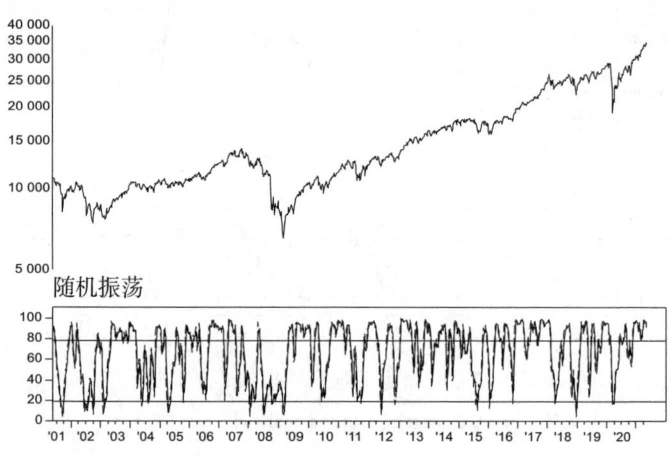

图 4-3 道琼斯工业平均指数（20 年期）

资料来源：FactSet financial data and analytics.

回顾过去 20 年，“随机振荡”指标接近底部区域平均每年出现一次。有些年份不会触及底部，而有些年份会触底好几次。

需要说明一下，个股的“随机振荡”指标经常到 20 以下的买点或 80 以上的卖点，但市场整体（正如本例中的道琼斯工业平均指数）的“随机振荡”指标并不常跌到 20 以下。

我们既没有精准抄底的企图，也不想错过很有吸引力的买点，所以就把 30 作为道琼斯工业平均指数的超卖阈值。

五年期图中的“随机振荡”指标不会频繁变动，所以你不需要每天跟踪查看。我建议大约每半个月看一眼，在指标即将向下跌至 30 时开始密切关注，这样跌到 30 时你才不会错过。

如果你从新闻里听说股市正在创出新高，那你还要等很久才能等到超卖状态。如果你听说股市正在崩盘，你就该去查看一下“随机振荡”指标，或许此时接近买入时刻了。

为方便读者操作，你可以申请加入我的免费邮箱列表——在本书后记我会再次提到。当道琼斯工业平均指数的“随机振荡”指标跌到 30 时，我会发邮件提醒你。㊀

㊀ 由于时差以及互联网管理规定等因素影响，你可能无法和作者及时联系。——译者注

当道琼斯工业平均指数的“随机振荡”指标跌到30或更低时，我们买进“日常清单”中的股票。

我们坐下来耐心等待，无视市场消息，每个月预留出买股票的钱，存起来，等到“随机振荡”指标跌到30或更低时就可以出手了。

或许要等一年甚至更久才会等到这种时机，但这种时刻一旦出现，我们就把专门为股票投资攒的钱都拿出来，投到最新的“日常清单”中去。大部分情况下，市场大跌时所有股票都会跌，市场回调正是你低价买入优质绿色股票的良机。这个低价并不是因为公司经营上出了什么状况，而仅仅是由于整个市场在跌。这就是我们将“随机振荡”作为买入指标的原因。

个股的“随机振荡”指标波动更大，与市场整体不同步，有时还会产生一些误导性信号。比如，若市场中大部分个股处于超买状态，而某只个股的“随机振荡”指标显示为超卖，可能是这家公司本身出了问题。如果是公司基本面的原因导致投资者卖出，这种超卖或许应被视作危险信号，而不是买入良机。

因此，本书的策略忽略了个股的“随机振荡”指标，只根据整体市场的“随机振荡”指标来判断何时出手。

这个策略就是这么简单，每个月把钱存下来攒着，当“随机振荡”指标指示市场超卖时，我们在他人卖出时反向抄底，这让我们有机会买入市场中最好的股票。这个过程中，我们把情绪因素排除在外，也不需要人为再去做决策。实际上，此时你已经焦急地等待买入“日常清单”中的股票有一年甚至更长时间了，所以这时在其他人恐慌出逃时，你会为你的逆势买入感到很兴奋。这种逆势抄底让你心情愉悦，而且随着时间推移还会让你赚到很多钱。

当有只新股票加入绿桶

“在市场下跌时买进”有两种例外情形：一是当你第一次建立“日常清单”股票组合时——这种情况我们在第四步“投资于‘日常清单’中的股票”中已经讲过了；二是当有只新股票加入你的绿桶时。

前面我们说过，当有只新股票首次被纳入绿桶时，我们应该像看到烟花一样兴奋。我们需要马上采取行动。

问题是：如果这时市场没有处于超卖状态，我们该怎么办？

答案是：我们要灵活变通。你可以在股票变成绿色股票时先花半数资金买入，剩下的半数资金暂时存起来，等到“随机振荡”指标跌到30或更低时再买入。

例如，如果Etsy变成绿色股票，你的计划是买进4000美元，但此时道琼斯工业平均指数的“随机振荡”指标还在30以上，那么就先买2000美元，随后等指标跌到30以下时再买另外的2000美元。

使用上述操作方式，即使这只股票变为绿色股票后就大涨起来，你也不会觉得懊恼，而假如它因为市场大跌而跌到更低的价格，你也不会后悔。

远离泡沫

使用“随机振荡”指标，等待市场回调时机，这个方法也让你不会在市场癫狂时或泡沫期买入股票。有时，市场会进入人们所说的“非理性繁荣”状态，在很短的时间内股价蹿升到很高的位置。我们很难（如果不是“不可能”的话）知道这种市场氛围能持续多久、价格能涨到多高，但我们从历史经验中能够确切地知道：如果你在市场涨价顶部买股票的话，你将陷入痛苦的亏损之中。

在市场癫狂时不买股票，耐心等待，强调纪律，或许短期内让你有种“错过”的感觉。随着股价日渐高涨，身边的亲戚朋友都在讨论他们赚了多少钱，你会想自己早该投更多资金进去。不过，现在至少你已经投了部分资金——尽管只是半仓，所以就享受你已投入部分的增长吧，耐心等待未来的买入机会。慎重对待你攒的钱。长期而言，你一定会为自己这么做感到高兴。

■■■

现在，当其他人卖出时，你已经准备好逆势买入了！

你已经知道如何使用“随机振荡”指标判断市场超卖状态，并且将会在自己买进股票时严格使用这一方法。

在下一个建议中，我们将讨论买 ETF 分散投资，对冲你个股选择的风险。

建议 2：用 ETF 对冲风险

你之所以学习本书的策略，是因为你对挑选个股感兴趣，希望获取超额回报——比市场平均水平更高的回报。

但要记住，谦逊不仅是生活中的重要美德，也是投资中的重要美德。投资个股伴随着风险，即使市场整体上涨，你也有亏损的可能。

为了对冲你的个股选股能力，防止未来出现市场上涨而你却遭受亏损的情况，我建议你使用这个策略：每投资 1 美元个股的同时，匹配 1 美元到跟踪市场的 ETF 中。

如果你是风险喜好者，想把资金全押到个股上，那当然是你自己的权利，但如果你把一半资金投入跟踪市场的分散 ETF 中，晚上会睡得更安稳一些。

我个人使用的 ETF 是先锋全球股票市场 ETF，它的代码是 VT，跟踪的是富时全球指数，覆盖了成熟市场和发展中市场。这只基金分散配置于全球不同市场，而且费率很低。由于我自己的“日常清单”中基本是美国公司，所以我很希望增加 VT 这种全球化配置的投资工具。

如果你生活在美国且不希望全球化配置资产，那么可以选先锋全美股票市场 ETF，它的代码是 VTI，费率也很低，跟踪的是整个美国市场。还有一个选择是标普 500 指数 ETF 信托基金（代码是 SPY），它跟踪的是标普 500 指数，也就是美国最大 500 家上市公司按照市值加权的指数。如果你从电视上听说市场涨了1%，那意味着SPY大约也涨了1%。

如果你生活在美国之外，也不想全球化配置资产，你可以找到跟踪你自己国家或地区市场的ETF。有很多不错的公司提供各类ETF产品，你可以在网上找到很多这类信息。

■■■

现在你已经多元化投资了！

你每投资于“日常清单”中的股票1美元，同步在市场ETF上投资了1美元。这让你的投资更为精明。如果事实证明你的“日常清单”中的都是好股票，那就太完美了，你会赚到很多钱。但万一它们不是好股票，你仍可能通过多元化投资于ETF而跟随市场获利。

在下一个建议中，我们将讨论投资于不同类型的资产——不再仅限于股票类资产。

建议 3：多元化资产配置

除了要用 ETF 来对冲你的个股风险之外，我还强烈建议你进行多元化资产投资，而不仅仅是投资于股票。

市面上有大量著作专门讲述资产配置和分散投资的好处，所以在这里我不再深入展开了。我只是督促你要在整体的净资产范围内进行股票投资（包括本书说的个股和 ETF）。

把财富分散配置到几个不同类别的资产上，是个精明的好主意。除了股票外，可供配置的资产还有债券、现金、房产、贵金属、土地等。合理的资产配置取决于你的年龄、个人境况和你的风险偏好。

就我个人而言，我天生是风险厌恶的投资者，没有遵从常见的投资建议，而是把更多的资金以现金形式存起来。我之所以这么做，是因为本书所说的股市中改变命运的巨额回报需要很多年甚至几十年才能实现，而且关键的一点是，只有手持现金，你才不会在市场回调的底部被甩出去。在市场暂时崩溃时，既定的投资策略和投资回报都会被强烈而恐慌的抛售所破坏。对我来说，手握更高比例的现金，会让我感到舒服、充满信心，让我安然度过这种艰难时刻，而不必被迫卖出股票。实际上，我使用本书的策略在大跌时买进股票。如果手握现金能让你睡得安稳，有助于你长期持有股票，那么这样做就是值得的。

为了能在市场回调时手上有钱买股票，我每个月专门留出一定比例的钱，定向投资于本书的策略。每个月末工资到账后，我把付完账单后剩下的金额分配到不同类别的资产中。每个资产类别分配的资金比例并不固定，取决于我当时的生活境况。

举例来说，之前有几年我有份全职工作，所以每个月都能存下钱，短期内又没有像买房这样的大额支出计划，那段时间我把35%左右的可支配收入投资于“日常清单”中的股票，还有35%投资于跟踪市场的ETF。

在那之后，有段时间我太太和我决定买套公寓，在买公寓前的大概一年中，我有很大比例的收入就以现金的方式放着。你永远预测不到股市短期内会发生什么，所以你在为未来一两年的大件支出攒钱的时候，最好使用比股票更加稳定的形式。不过，即使在买房前的那段时间里，我也至少分配可支配收入的 10% 在“日常清单”中的股票上、10% 在 ETF 上。

如果你想通过投资成就更美好的未来，那你必须先存钱。你总会遇到你存钱路上的拦路虎，所以最好给自己定个规矩，比如我每个月最少把 20% 的钱存起来。

达成存钱目标的简单方法

下面是我达成存钱目标的简单方法。前面提到过，资金在不同资产类别上的分配比例取决于我当时的生活境况，下面我只是用大致的数字来说明我的方法——这些数字不是我真实的收入和账单开支。

1. 首先我要确定一个固定不变的余额水平。这个金额要能满足我每个月的账单支付和现金取款需求，但也不要超出太多，因为我想把高出固定余额的部分尽可能多地用于更佳用途（比如投资）或既定目标（如买房付首付）。本例中我们将这个固定余额设定为10 000美元。

2. 每个月末我的工资到账后，取出钱支付账单（信用卡和按揭），这样我的存款账户上出现一个新余额——希望比原来的余额10 000美元更高。比如，我的工资是5000美元，要付的账单是3000美元，那么现在我的存款账户余额是12 000美元。

3. 此时我把账户余额再重设回10 000美元，这样我就有2000美元可用于其他用途了。这时我会暂停一下，想想自己的境况：未来一两年我有大额支出吗？有大笔的医药费要付吗？近期有超级奢华的度假安排吗？女儿快要上大学了吗？临近退休了吗？这些问题的答案影响着我配置到其他用途和资产类别上的资金量。

4. 假定本例中以上问题的答案均是否定的。近期没有大额支出，还有很久才退休，这样我就能在很长一段时间里一直存钱，把更高比例的资金投资于股票——尤其是按本书策略筛选的股票。本例中我把可支配收入的 50% 也就是 1000 美元用于本书策略，其中 500 美元投资于“日常清单”中的股票，另外 500 美元按照“建议 2：用 ETF 对冲风险”投资于 ETF。剩余的 1000 美元，我会投资到其他类别的资产中，或是持有现金。

5. 我可不是只在心里想着执行这一策略，我一般立刻把 1000 美元转到券商账户中去。马上行动起来。这是一项简单但重要的工作。如果你嘴上说要用这些钱投资，但实际上没有转入券商账户，那你投资半途而废的概率会大大提高。一个显而易见的原因是，由于账户里的钱触手可及，你可能会忍不住花掉它们；但更为重要的原因是：从心理层面来说，人们很难在股市崩盘时逆市买入，所以你想等到行情乐观的时候再采取行动。

过去有好多次我都想在下次市场大幅回调时买入股票，但事前并没有往券商账户中存钱，所以当想象中的大幅回调真正来临时，市场一片恐慌，我的市值也在缩水，这时我也同样战战兢兢，也就没有转入资金买进股票。

更好的做法是每个月把钱转入券商账户，让它躺在券商账户上，远离你的视线，并随着时间慢慢积累。你要像个机器人一样，一旦本书策略中所说的买入信号出现，就把账户里的全部资金买成你最新的“日常清单”中的股票。

配置其他类别的资产

至于其余的钱，还有很多种资产供你选择。除股票和现金外，传统的资产类别还有债券、房产、土地、贵金属，另外还有加密数字货币，但加密数字货币目前争议较大，不在本书所讨论的资产范畴内。

财富管理的传统经验法则是用数字 100 减去你的年龄，把这个比例的资金投资于股票，剩余比例投资于债券。比如你的年龄是 30 岁，100−30=70，那你就投资 70% 于股票、30% 于债券。这个方法的本质是：随着你年龄增长，接近退休，你要逐步把组合从波动性大的股票转换为更稳定的固定收益类债券。

这个逻辑在本书中依然成立。然而，目前全球利率水平正趋近于零——有些国家甚至已经是负利率，上面的公式就没有那么可靠了。通常来说，在你积累并保卫自己净资产的过程中，债券是一个有价值的选项和一种稳健的资产，但在低利率的当下，有必要随时监控利率的动向。这方面找个财务专家咨询是值得的。

在历史上，房产和土地都是抵御通货膨胀的好资产。尤其是房产，它是非常重要的收益来源，但它要求先付大额首付，然后背上贷款，还要装修。长期来说土地也充满吸引力，它的价值会随着通货膨胀侵蚀纸币价值而不断凸显出来，但土地缺乏流动性（很难快速出手），而且持有期间你还要交税[1]。

长久以来，人们普遍认可金银等贵金属的多元化配置价值。它们被视为价值储存工具，能够对抗法定货币购买力的下降。这里面的逻辑在于：随着时间推移，其他主要货币的购买力在下降，而金银的价格总在上涨——但它们是投机性资产，本身并不产生收益，

---

[1] 目前中国尚未全面开征房地产税。——译者注

它们的价值依赖于人们对它们是价值储存工具的一致认知，然而没有人能保证这种情况会一直持续下去。

无论通过亲自调研还是与财务专家交流的方式，学习一些财富管理和资产配置知识都是值得的。除了配置不同的资产类别外，还有很多储蓄和投资方法能让你享受税收优惠，随着时间推移，这些方法会对你的收益产生重大的影响。在美国，这些储蓄和投资方法包括 401（k）、IRA、529 大学储蓄计划等。

■■■

现在你知道自己在每个篮子里放了多少个鸡蛋。

你已经考虑在不同资产类别中多元化配置资产，也知道了你该负责任地投资于本书策略多少资金。

下面，我们将研究本书策略背后的基本原则。你所遵循的五个简单步骤和三个建议将帮你很好地付诸投资实践。要知道，在投资实践中即使很多专业人士也做不好！

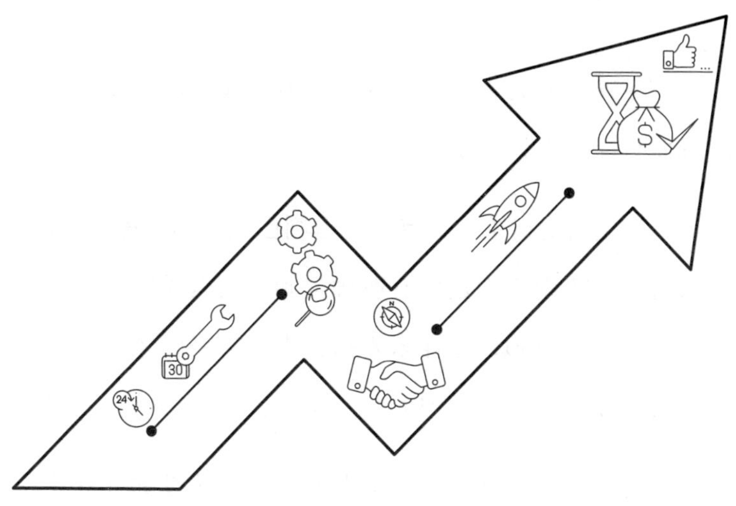

第 5 章

基本原则

投资于好公司

知道自己的买入理由

好股长持，坏股止损

长期持股

发现早期的特别公司

对重仓持股感到舒适

坦然面对市场波动

在回调期而不是泡沫期买入

尽管本书的步骤简单易学，但其底层还有几个传统而明智的基本原则。

在之前的讨论中，有几个原则已经详细阐述过了，另有几个原则我们还没有明确提到。这里我要强调一下这些基本原则，这样未来执行本书策略时，你会意识到是哪些原则在起作用。

值得注意的是，许多基本原则是专业投资者穷其一生想要掌握的——通常困难重重。本书策略的部分价值，就是把这些原则总结概括成了一种简单、易于执行甚至有些好玩的投资方法。

让我们简单审视一遍本书策略中发挥作用的八个明智的基本原则。

投资于好公司

获得长期投资回报的最具确定性途径是投资于好公司。你会听到有些人因为赌对了不知名的股票大赚特赚，但要知道那就像是买彩票。具有定价权的好公司能够长期地、复利性地增长，这才是股市投资更具确定性的途径。

尽管有些读者更喜欢新产品、新服务，但真正的好公司却多半是那些在我们生活中扮演不可或缺的角色的公司。本书策略帮你专注于那些真正特别的公司——我们所说的绿色股票背后的公司，并把资金配置其中，从而指导你实现投资于好公司的目标。

知道自己的买入理由

如果你投资于绿色股票，你要有一个投资的理由。你认为它们是很特别的公司，你相信它们在未来很长一段时间里对你依旧重要。在买入的那一刻，你已经下意识地做出了这个判断。遵循本书的建议，你每三个月会重新评估自己的看法，如果看法发生了变化，那么你的仓位也要随之调整。

知道自己的买入理由，将帮你避免一种被专业人士称为“观点漂移”的情况。多数投资者买股票都有其理由——买入的当时确实有个理由，但随着时间推移，买入理由变得越来越不清晰，更糟糕的是，他们当初的买入理由根本站不住脚，但他们依然继续持有。这是投资者都应避免的情况，因为如果你不知道为什么要买，那你就不知道什么时候该卖。

好股长持，坏股止损

知道自己的买入理由，并有一个卖出计划，实际上你就是在践行广为人知的投资箴言——“好股长持，坏股止损”。很多投资者掉入一个陷阱：他们与自己的股票谈起了恋爱，不愿意接受错误，不愿意在错误的股票上止损。股票下跌往往是有原因的，如果投资者不愿意亏本卖出，那么他们只会遭受更多损失。

我们鼓励投资者坚定持有赚钱的股票，尽管在股票大涨时卖出锁定盈利的想法充满诱惑力。这个建议背后的原理是这样的：如果股票在上涨，那一定有关于企业经营方面的利好，无论是哪方面的利好，都可能推动股价继续走高。如果是这样，你最好拿住这只涨得不错的好股票，而不是落袋为安转而去找其他好股票。

投资者通常根据股价的变动（涨或跌）来判断股票的好坏，而在本书的策略中，我们根据“日常清单”中股票的颜色来判定股票好坏。如果我们对产品或服务的看法维持绿色，我们就认定它是好股票，无论股价涨到多高都继续持有。如果我们对产品或服务的看法下调，那我们就认定它是坏股票，此时即使亏损也要卖出。

长期持股

本书的方法让我们“好股长持”，只要我们投资的公司还是好公司，我们就一直持有——可能是几年甚至几十年，这让我们成为长期投资者。传统投资智慧一直秉持这样的观点，未来也将如此：长期投资比短期交易带来丰厚回报的确定性更高。

短期交易令人兴奋，你会听到很多短期交易赚大钱的故事，我过去很多年也曾沉迷于此，但短期交易充满风险而且类似于需要技巧的赌博行为。很多人因短期交易而亏钱，即使你碰巧是那个赚钱的人，也很难在长期内把这种盈利持续下去。这种交易劳神费力，最终你会发现自己没有站在运气这一边。如果你有时像我以前一样，手心发痒忍不住想交易，请记住这种尝试与投资完全不搭边，不要让这种类似赌博的行为拉低自己的投资收益。

靠股市改变命运的更可靠途径，是很早就发现下一个苹果或谷歌，然后持有它们十年或者更长时间。这就是本书的策略要帮你做的事。

发现早期的特别公司

每个人都希望他们早就买进了最好的公司。当然，你发现伟大公司、伟大股票的时间越早，你就能赚到越多的钱。这就是本书策略能帮到你的地方。前面讲过，作为一个消费者，你能很早就辨识出好公司，远早于你作为投资者发现它们的投资机会。遵循本书的指导，每个季度更新“日常清单”，你将不再错过那些显而易见的“无脑买入”型好股票。

对重仓持股感到舒适

如果你很早就成功锁定一家特别的公司，那么，为了赚到改变命运的丰厚回报，你要习惯于重仓持股。凭我个人的经验，重仓持有一只股票是件很伤脑筋的事情，这意味着你把太多鸡蛋放在了同一个篮子里。然而，要真正击败市场，获得超越平均水平的回报，你要对此感到舒适才行。

那些基于财务分析做价值投资的非专业投资者很容易在这一点上犯错误。

我有这方面的亲身经历。以前当我根据低市盈率、高股息率或其他指标发现某只我认为有吸引力的“价值股”时，我只敢买入很少一点，而且随着时间推移我也不愿意加仓。便宜股票自然有它便宜的理由，有人担心公司的某些方面有问题，如果你不亲自了解公司或不与它接触，不能像专业投资者那样 24 小时地跟进它的最新进展，那就很难信心满满地重仓持有。

然而遵循本书的策略后，我对重仓持有绿色股票信心十足。我清楚地知道自己投资的是什么，自己得出了“这家公司有特别之处”的结论。更重要的是，我知道自己有一个按季度定期评估的程序，如果我对公司的看法发生变化，那我会随时准备好做出调整。这要求你有坚定的信念和可行的投资计划，只有这样才能够重仓持股从而改变自己的命运。

坦然面对市场波动

长期持有伟大股票，这种策略往往知易行难。只要是持有股票——即使是好股票，就会有坐过山车般的经历。如果你过度关注每日或每周的股价上下波动，并基于价格波动做投资决策，那么无视波动是不现实的。当股价创出历史新高时，你会忍不住获利了结，而当股价跌回你的成本价时你也会急着卖出，但这两种做法在长期投资中都不是明智之举。

在本书的策略中，你甚至不需要关注股价。如果你不关注股价，你的情绪会更好。我们只需要根据“日常清单”的变化进行投资。唯一与股价有关的，是五年期市场图表中的“随机振荡”指标（在“建议1：在市场下跌时买进”中讨论过）。这个趋势指标跌到30或以下，表明市场处于超卖状态，这时我们根据“日常清单”中的股票排名配置我们的资金。五年期市场图表中的“随机振荡”指标变动很缓慢，你不需要每天都去查看它。

严格遵循本书的步骤，不理会股价变动，你才能更好地对抗市场波动，长期坚定地投资下去。

在回调期而不是泡沫期买入

在市场大幅回调时买入股票，这是每个投资者都期望的，但却很少有人能真正做到。更常见的做法是：在市场繁荣时买入，在市场恐惧时卖出——对非专业投资者来说更是如此。本书策略中的“建议 1：在市场下跌时买进”让你只在市场处于超卖状态时买进股票。遵循这条建议，你不仅会以折扣价买入股票，提高长期收益率，而且更重要的是，这还会阻止你在泡沫巅峰期加仓买入。

用于判断市场超卖状态的“随机振荡”指标背后的数学原理，决定了我们的买入信号不会在市场处于顶部时发出，因为市场顶部往往出现在超买状态。这并不意味着在市场超卖时买进后股票不再下跌，但至少避免了在非理性的、短暂的癫狂顶部出手买入。

■■■

好了，现在你已经是一位聪明的投资者了！

现在你已经知悉了这些明智的投资原则，在未来几年执行这一策略时你会内心笃定，对这些原则深信不疑。

下面要根据我的经历讲几个案例，阐述如何在具体工作中运用这些原则。这将帮你从心理上做好准备，更好地开始你的投资旅程。

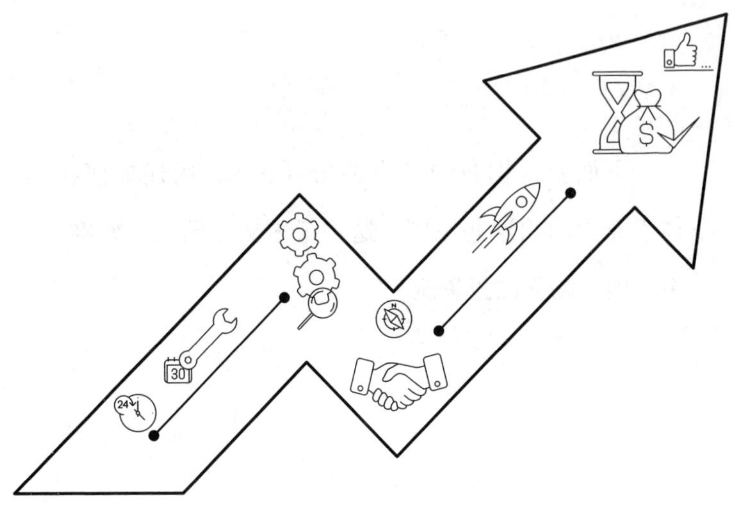

第 6 章

应用案例

案例 1：谷歌（GOOGL）

案例 2：Zillow（ZG）

案例 3：特斯拉（TSLA）

案例 4：安德玛（UAA）

案例 5：Etsy（ETSY）

案例1：谷歌（GOOGL）[⊖]

抓住长牛股

本书策略的终极目标，是帮你识别真正特别的公司，并指导你很多年甚至几十年持有它们——只要它们一直保持“特别”。我应用这一策略最好的例子莫过于谷歌（GOOGL）了。

前面已经讲过，早在2004年谷歌IPO时它就已经进入我的绿色股票清单，那时我每天都使用它的搜索引擎。我当时觉得它的服务一流，比其他产品好用得多，如果它不在了我会极度怀念，我坚信自己会长久地使用它。遗憾的是，2004年当谷歌股价还是50美元

⊖ 谷歌于2015年10月3日美股收盘后更名为Alphabet，股票沿用之前的代码。——译者注

时，我还没有使用本书的策略，但2012年在我开发并使用这一策略后，我第一次买入了谷歌，那时股价大概是290美元（拆股调整价）。

2012年时谷歌不论是服务还是股票，早已不是什么秘密。每个人都在用谷歌搜索，股价似乎已经反映了公司的成功，自IPO后不到十年时间股价涨了500%。那时我在犹豫要不要买入谷歌，很明显股价正接近历史新高，这似乎不是一笔明智的投资。

2012年我刚开始应用本书策略时，我依然同时沉迷于寻找被低估的价值股，在市场上搜索被投资者忽略的宝藏股票，比如那些拥有低市盈率、强现金流和长期成长前景的股票。使用这传统投资智慧选股犹如大海捞针，但当时我却眼睁睁地看着大量的好机会离我远去，所以我果断放下了原先的“比市场更聪明”的自我意识，第一次买入了谷歌股票，而且此时我的信念是：只要我的新策略显示应继续持有谷歌，那我就坚定地持有下去。

截至目前，在差不多十年的时间里，谷歌一直在我的绿色股票清单中——实际上它一直是排名第一的股票。谷歌股价稳定上涨，越来越高，持股十年后已经涨到了2000美元一股。但由于坚守既定策略，我从未考虑清仓卖出。在每个季度的检视中，谷歌都会稳居绿色股票行列，策略显示我应该继续持有。我不仅一直持有，有好几次我还加仓了——包括2020年春新冠疫情引发市场大跌时。

我个人投资谷歌的经历，是本书策略有效性的明证。它帮我识别真正特别的公司；它让我买入这些公司的股票，即使在觉得太贵时；它让我持有十年而不卖出；它给了我即使在市场恐慌性下跌时还敢于加仓的信心。

还有一点要说的是，正是这一策略，让我用大笔资金重仓持有一只股票时感觉心安。每个季度我都更新“日常清单”并严格地重估对谷歌的看法，我知道终有一天我对它的看法会发生变化，而且我知道当这一时刻到来时我会采取行动。

如果我仅仅依据股价和财务指标来决定仓位，我一定会困惑不已，不知道该怎么做，我很有可能为了分散风险而卖掉一些谷歌股票，但本书的策略让我有一个既定的买卖计划，所以我对持有谷歌的股票感到很舒服。

我不知道是明年还是十年后，如果我在更新“日常清单”时发现谷歌从绿色股票下滑至黄色、蓝色股票或被移出清单，我将不带情感地遵守规则卖出谷歌股票——当然也可能一辈子都不会看到这种情况。

图 6-1 为谷歌 2012 ～ 2021 年股价图。

图 6-1　谷歌股价图（2012 ～ 2021 年）

资料来源：Yahoo Finance.

案例 2：Zillow（ZG）

抵御市场波动

时间拉回到 2017 年的春天，我疲惫地坐在办公桌前，眼睛盯着电脑屏幕。

我需要放松一下，于是打开 Zillow 网站，浏览起海边别墅来，梦想着有一天也能在哪儿买一套度假别墅。那时我意识到，浏览 Zillow 网站正在变成我的一个习惯——我几乎每天都登录 Zillow 网站，有时一天登录几次，看看上面的交互式房产地图。

那时我和我太太正想买套公寓，所以 Zillow 的线上房产市场对我们来说超级便利。我可以很方便地浏览房产信息，上面有房产图片和介绍，所以我们不必浪费时间跑去看房子或者与房产中介沟通，就能很好地了解我们感兴趣的房子。

但我用 Zillow 可不仅是为了搜索房子，我开始喜欢上这个网站，浏览那些梦寐以求但并没打算买的好房子已经变成我的一种消遣。虽然也有一些别的房产网站，但我最喜欢 Zillow，我简直离不开它了。

当我从本书策略的视角来看 Zillow 时，我是这么描述它的：

我常登录 Zillow 网站，几乎每天都登录，甚至一天登录好几次，我很喜欢它，它不仅好用而且好玩。我没想过换另外一家类似网站，如果它消失了，我会很想念它。在未来的很多年里，我会继续使用 Zillow 的服务。

我把 Zillow（ZG）列为绿色股票。

我第一次买入 Zillow 股票是在 2017 年 4 月，股价大概是 36 美元。那时 Zillow 股票绝不是“大众情人”，实际上，那时它的股价低于三年前（2014 年）的价格。

一年后 Zillow 的股价就暴涨到了 60 美元，也就是股价在 14 个月的时间里将近翻了一倍，所以我 2017 年首次买入 Zillow 股票的决策似乎颇具先见之明。交易员想让我卖出Zillow股票，或者至少先卖掉一部分锁定盈利，但本书的策略却没有让我这么干。我重新评估了“日常清单”，那时Zillow还是绿色股票，这意味着我要做好长期持股的准备。于是，我原本急于扣动扳机的手指停了下来，我决定继续持有不动。

然而，仅仅五个月之后我就从天堂跌入地狱，Zillow的股价从60美元骤然跌回30美元。

股价跌回我的成本价了，这时交易员又一次想行动。这次，为了不让这只曾赚钱的股票亏钱卖出，我计划在40美元全部卖出，想着不能把一笔好投资搞砸了。但我再次评估“日常清单”时发现，Zillow还是绿色股票，所以我稳定好情绪还是继续持有。

现在，三年过去了，正如我预料的那样，Zillow正成为在线房产市场的巨头并广受赞誉，股价也飙涨到了130美元以上。在写作本书时，它依然在我的组合中稳居绿色股票之列，我可能会在下次市场出现超卖信号时加仓这笔长期投资——正如前文提到的“建议

1：在市场下跌时买进”一样。

如果没有遵循本书的策略，我很可能不会在 2017 年买入 Zillow 股票，即便是买了，我也会陷入股价的波动旋涡中，要么是在股价起初上涨时就兑现离场，要么是在股价跌回成本价时卖出一无所获，甚至亏钱走人。

图 6-2 为 Zillow 2017 ～ 2021 年股价图。

图 6-2　Zillow 股价图（2017 ～ 2021 年）

资料来源：Yahoo Finance.

案例3：特斯拉（TSLA）

华尔街会犯错

2018年12月我和我太太逛商场时经过一个特斯拉展厅。我坐上展车的驾驶座望向车窗外，对太太说："哇，我太想买一辆了！"

我很少有那种特别想买一个大件消费品的感觉。通常来说我是极简生活主义者，但特斯拉又炫酷又特别，我很想开一辆。

那时特斯拉已经名声大噪并流行起来，但股价还没有动静。有几个知名分析师和华尔街投行给出了"卖出"评级，目标价远低于当时的交易价格。对特斯拉的看空是基于以下几个因素：

首先，有几个季度特斯拉的交付量增速放缓，市场担心通用汽车等传统车企进入新能源领域后，将会加剧行业竞争，最终导致特斯拉的市场份额出现永久性下降。

其次，市场担心特斯拉的现金流状况，或者公司依赖从资本市场进行债务融资或股权融资。由于新的车型和自动驾驶技术研发需要特斯拉投入大量资金，有些人担心公司难以产生足够现金流支撑它的巨额投资。

最后，很多投资者认为特斯拉股价被严重高估。那时公司还没有实现盈利，也就很难通过盈利数据进行估值，而基于未来的营业收入估值又过于离谱。

当2018年我把特斯拉归入“想要但没有的产品或服务”类别时，以上这些担忧让我犹豫不决。我在思索它的产品——特斯拉电动车时写下如下看法：

我很想买辆特斯拉，我觉得它是路上跑的车里最特别的，而且看上去驾驶特斯拉是一件充满乐趣的事情。或许特斯拉是过去很长一段时间里最酷的发明之一。在我眼里，现在特斯拉就像电动车界的苹果：其他厂商会试图模仿，但市面上的电动车永远只会被分为特斯拉和其他车。即便如此，但我现在并不想马上买辆特斯拉，因为我没有地方充电，我经常进行超出目前电池续航里程的长途旅行。另外，它太贵了。

基于以上评价，我决定把特斯拉归入黄色股票之列。

“第四步：投资于‘日常清单’中的股票”中说过，新投入资金的15%可以投到黄色股票中。你不必买入所有黄色股票，但本书的策略支持鼓励你买入一部分黄色股票。

当观察黄色股票清单时，我发现特斯拉这家独特又令人兴奋的公司在其中尤为显眼。我不顾华尔街的警告，也不再管我对它财务方面的某些疑问，在股价大约65美元（拆股调整价）时买入了一些特斯拉股票。

在买入特斯拉股票时，我其实并不确定它会像谷歌一样成为一笔长期投资，但我觉得存在这种可能性。我相信当我对它的看法发生变化时，本书的策略会指导我卖出一些仓位。

此后，特斯拉的股价从65美元飞涨到700美元以上，在两年多一点的时间里投资回报率超过1000%。特斯拉公司和股票都成为市场的宠儿。华尔街的分析师们错了，但本书的策略被证明是正确的。

在特斯拉的股价呈指数上涨的过程中，我有几次急于落袋为安。尽管我很喜欢这家公司，但却从来没有想象过或预判到它的股价能在短时间内涨到这么高。然而，最后我遵循了本书的策略，没有让每天的股价波动干扰我的决策。

当特斯拉的股价大涨使黄色股票的权重明显超标时，我确实也采取了行动。“第五步：管理你的投资组合”中说过，如果黄色股票在你的组合中占比明显高于15%——一般是30%，那么你该考虑卖出部分黄色股票，并用所得资金买入绿色股票。

这正是我在2020年12月所做的。特斯拉的股价从65美元涨到632美元，它在组合中的占比远超我的想象。我看了一下自己的投资组合，黄色股票的占比已经触及30%的上限，特斯拉的仓位已经与它在“日常清单”中的排名严重不符了。

那个季度末我再次评估“日常清单”时，特斯拉依然是一只黄色股票。我对特斯拉产品的看法与两年前相比丝毫未变，所以它还居于黄色股票之列，我可以持有一点仓位，但它并不属于可以重仓的绿色股票。于是我决定卖出一部分特斯拉股票，并把盈利投到绿色股票中。

如果特斯拉的股价继续急速上涨，我还是会继续卖出一些来再平衡整个组合。而如果股价泡沫破灭，股价掉头向下也没什么好担心的，毕竟我已经提前锁定了可观的盈利。我不去猜到底哪种情景会出现，我只是让本书策略和每个季度的“日常清单”指引我的行动。

图 6-3 为特斯拉 2018 ～ 2021 年股价图。

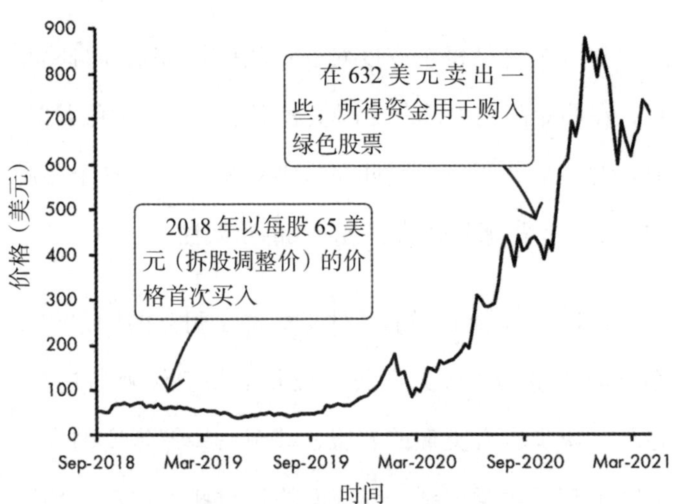

图 6-3 特斯拉股价图（2018 ～ 2021 年）

资料来源：Yahoo Finance.

案例 4：安德玛（UAA）

止损离场也没问题

2015 年的时候，我把大部分的运动服都换成了安德玛品牌。我喜欢这种吸汗的 T 恤和跑步短裤，我觉得这个品牌很酷。我相信我将成为安德玛的长期顾客，也就是从那时起我开始以每股 40 美元左右的价格买入它的股票。

我曾为自己每个季度对安德玛的评价感到自鸣得意，在两年间的大部分时间里我都把它归入黄色股票。但在此之后，当我长时间深入地思索自己对这个品牌的感觉时，我感到高估了它对我的重要性。

2017 年我最后买的几件 T 恤都是耐克的，它和安德玛的质量相差无几。我发现其他品牌像阿迪达斯、彪马、锐步也有类似的衣服，甚至一些零售商的自营品牌也有。我意识到，或许安德玛对我来说没有那么特别，我都怀疑自己一年后还会不会买这个牌子，远了更不敢说。

所以我把安德玛的评级从黄色下调为蓝色，相应地我以20美元左右、亏损50%的价格清仓了安德玛。

虽然止损离场是件痛苦的事，但要记住，这是每个积极作为的投资者都要上的必修课。止损离场往往伴随着巨大的精神压力，但这是所有成功投资者从痛苦经历中获得的能力。当我盯着股价、消息，使用技术分析进行交易或投资时，砍掉坏股票亏损离场这种事通常是很困难的。这会伴随着一种焦虑情绪和强烈的自我怀疑。然而，现在我已经能够管理自己的情绪，以坚忍的方式果断止损离场。

本书策略的一个好处是：它让你在决策时不再纠结，能够果断止损离场。你不再沉迷于每日的消息、股价波动，不再承受这些压力，相反你可以每个季度平静地、深思熟虑地重估“日常清单”。如果你对公司产品或服务的看法发生变化，对公司的评级变化了，那你只需遵循我们设定好的规则。

即使你已经遵循了本书的策略和规则，也可能难以接受亏损，但请记住：最大的亏损只有 100% 罢了。我们希望通过本书的策略，假以时日找到几只收益率超过 500% 甚至 1000% 的长牛股，这样它们的收益就远超你那几只股票有限的亏损了。

图 6-4 为安德玛 2015 ～ 2021 年股价图。

图 6-4 安德玛股价图（2015 ～ 2021 年）

资料来源：Yahoo Finance.

案例5：Etsy（ETSY）

早日找到特别公司

2020年夏天，由于新冠疫情袭来，我和我太太有几个月一直居家隔离。

当我更新“日常清单”时，我倚在椅子上问太太：“嗨，过去几个月我们家买过或用过什么新玩意儿吗？”她想了一会儿说：“嗯，我在Etsy上买了好多东西。”我竟从来没有听说过Etsy。

我这才知道，Etsy是一个专门经营手工制作、小批量制作和定制产品的线上平台，产品包括珠宝、手提包、衣服、家装用品、家具、玩具、艺术品，还有工艺品和生活器具。Etsy上的很多商家就是一些个人卖家，他们在家里制作这些很酷的小玩意儿。

几个月过去了，我太太使用这个平台越来越频繁，我也不时上去看看。我们在上面为女儿买一些衣服和玩具，包括在别处买不到的有机和天然材料做的东西。

我们也买了些东西送朋友。在平台上我们可以联络负责制作的专家或艺术家，通过这个特殊的方式来定制一些个性化礼物。

我们不仅在 Etsy 上买东西，而且长时间地沉迷于其中。对我太太来说，浏览 Etsy 几乎成了她的爱好，她可不光是看看产品而已，她还与专家交流，好像他们是朋友一样，一起讨论对一些定制产品的想法。我对它的互动方式感到惊奇不已——这种购物方式非常独特。我们（尤其是我太太）很喜欢 Etsy。

2020 年秋天我更新“日常清单”时将 Etsy 归入了绿色股票，当时我这样写下评价：

在过去几个月里，我和我太太（尤其是她）每周都会浏览 Etsy 网站几次。我们用它来买个性的、体贴的礼物，还有在别处买不到的有机服装。我们太喜欢这个平台了，估计未来很长时间里都会使用它。如果它不在了，我们会很失望。

当 Etsy 刚被评为绿色股票时，我在股价 140 美元附近买入了一半仓位。之后在很短的时间里，它的股价就起飞了，涨到200美元以上，谁也不知道这种情况会持续到何时。快速获利不是我们的目标，我们的目标是更早地发现并投资于潜在的特别公司。

如果我当时没有按季度更新“日常清单”、重新评估所有产品和服务，我可能要在很久以后才发现Etsy的投资机会。现在说它是一只长牛股为时尚早，但至少我不会后悔了。我不会再像在亚马逊和苹果上做的那样，回头看着上涨的股价说“唉，我又错过了”。

图6-5为Etsy 2020～2021年股价图。

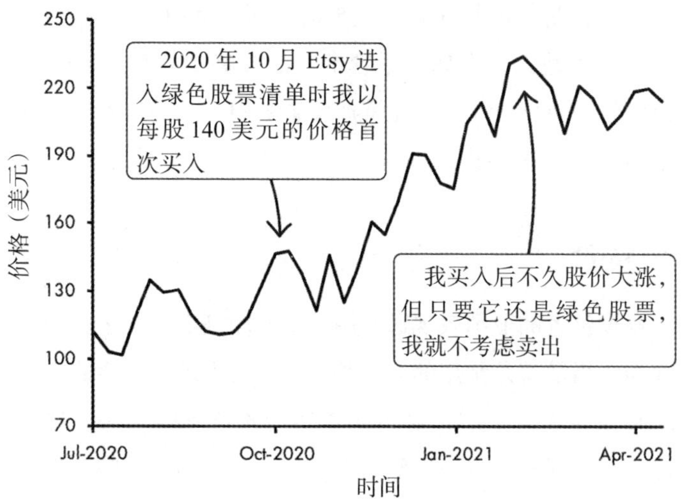

图6-5　Etsy股价图（2020～2021年）

资料来源：Yahoo Finance.

词汇表

本书中提及的术语和概念，用我自己的话通俗地解释如下。

激进投资者

激进投资者通常是购入上市公司大量股票份额的投资基金，其目的是影响公司的经营。它们不时向公司管理层施压，让管理层以激进投资者认同的方式做出经营方面的改善，以提高股票的价值。

资产

资产是你所拥有的有价值的东西。基于财富管理的目的，资产通常是能够快速卖出变现的东西，例如股票、债券、房产、土地、贵金属。尽管本书的策略中我们专注于股票，但“建议 3：多元化资产配置”中也鼓励读者在几种不同资产中分散投资。

业绩基准

专业投资者的业绩表现通常用一个业绩基准来衡量，如标普 500 指数就是常用的业绩基准。基金经理某一年的投资组合收益率为 10%，但市场整体的收益率是 15%，那这位基金经理不应得到大额的奖金。你可以用很低的费率买到跟踪标普 500 指数的 ETF，所以基金经理必须证明自己具备收取更高管理费的投资能力。人们期望基金经理实现比业绩基准更高的收益率。

债券

债券是一种需要偿还利息的债务。如果一个朋友想向你借 100 美元，作为交换他给了你一个借据，承诺一年后归还 110 美元，那这就相当于一种非官方债券。你手里的这份借据，承诺归还你的本金（100 美元）和利息（10 美元），是与债券类似的概念，只不过债券是由公司和政府正式发行的证券。

股票账户

股票账户是一个让你可以买卖不同投资产品（股票、债券、共同基金、ETF）的投资账户。如果你还没有股票账户，那你需要新开立一个，用来买入股票并执行本书策略。开户非常简单，网络上有很多这类信息。我只是建议你在好的证券公司开户。

泡沫

投资中的泡沫是指资产价格太高，以至于任何财务分析都不能解释其合理性。历史上泡沫时不时地出现，这种情况在每种资产中都会发生。

历史上最出名的金融泡沫是16世纪的荷兰郁金香泡沫，稀有郁金香最贵时的价格是普通人一年工资的6倍。近年的泡沫主要有：引发2008年金融危机的美国房地产泡沫，20世纪90年代末美国的互联网科技泡沫，还有20世纪80年末的美国股市泡沫、日本的房地产泡沫。

投资者都应该警惕在泡沫顶峰买进资产。在本书策略中，我们只在市场处于超卖状态时加仓，从而保护我们自己不受伤害，这一点我们在“建议1：在市场下跌时买进”中已经讨论过了。

现金

现金就是钱。现金是法定货币，是你钱包里的纸币，是你银行账户里的余额。现金是最简单也是最广为接受和最可靠的支付手段。

竞争优势

竞争优势就是你相对于竞争对手的优势，它是指在完成一项任务时，你（或一群人或公司等）所拥有的非常独特的、能够使你的表现超越其他人的东西。

如果你210cm高，那相较于你150cm高的朋友，你应该在篮球方面有竞争优势。对公司而言，竞争优势就是能使它提供更好产品（或服务）或成本更低的因素。比如麦当劳买汉堡肉的价格比你们当地的餐车低，因为它的采购量更大，这就使麦当劳汉堡的售价比同行低——这就是一种竞争优势。如果餐车想让顾客从它们这里而不是麦当劳买汉堡，那它不应该采取低价策略，而是应打造自己独特的竞争优势，比如提供更高品质的汉堡。

在本书策略中，我认为非专业投资者的竞争优势是他们对自己使用的产品和服务的熟知。专业投资者通常拥有数学和财务类的学位，能够获得昂贵的数据资料，而且是全职投资，与他们相比你不太可能在传统的投资分析中有什么优势。

然而，你平日里决定如何分配自己的时间和金钱时，实实在在地花了大量时间、精力来分析产品和服务的质量——你可能没有意识到花了这么多时间和精力。这种分析也与投资相关，本书的策略会帮你利用好这种竞争优势。

集中投资

集中投资意味着你把大量资金投资于相对少的几只股票上。很多基金在单只产品上投资几百只股票，为了多元化而把资金尽量分散，只投资一点点资金到每只股票上。集中投资则是仅投资于基金经理最有信心的十只左右股票。

在本书的策略中，我们倾向于集中投资，也就是把资金主要投向我们选择的绿色股票。我们多元化的方式是：每投资 1 美元于“日常清单”中的股票，就配置 1 美元于跟踪市场的 ETF。

加密货币

加密货币是一种数字或虚拟货币，用加密技术加以保护，使之难以被伪造或重复使用。很多加密货币是基于区块链技术的去中心化结构，而区块链技术则是一种由不同的计算机网络强制执行的分布式记账技术。

在写作本书时，最广为人知的加密货币是比特币。对很多人来说，比特币的吸引力在于它并非由任何政府或当局发行。

多元化

多元化就是不要把太多鸡蛋放在同一个篮子里。在金融领域，多元化就是不要把太多资金配置到某种特定的资产或风险中。如果你在股市投资 1000 美元，那么分散至 10 只股票，每只 100 美元，就比用 1000 美元只买一只股票要分散得多。

财富管理领域一般的观点是，明智的选择是不要光投资于股票。建议你根据自己的年龄、风险偏好、生活处境等，考虑把净资产分配到不同的资产类别中，包括现金、股票、债券、房产、土地和贵金属。

有效市场

有效市场意味着市场参与者能够快速地、有逻辑地将所有已知信息反映到资产价格中。

学术界对于有效市场假设是有争议的。有人认为既然市场有效、所有已知信息都已经反映在了股价中，那么风险调整后的收益就不可能跑赢市场。另一些人则认为市场基本有效的原因是，经验丰富的投资者不断在市场中发现和纠正错误定价。还有些人觉得市场大部分时候有效，但投资者的情绪和心理会导致股价暂时偏离公司实际价值。

本书的策略认为这三种观点都有一些道理。既然股价已经反映了大部分财务信息，那么在寻找值得长期投资的好股票时，我们能做的就是识别那些最能与不断变化的消费者偏好产生共鸣的好公司——而且这是你能做好的。

投资者的情绪和心理确实能导致股票市场不时地大幅波动——有涨也有跌。考虑到这一点，在“建议 1：在市场下跌时买进”中，我建议用一个简单的技术工具阻止你在市场癫狂时买进股票，而在市场陷入整体恐慌时能够鼓足勇气抄底。

权益

权益就是股票。在金融领域，这两个术语有时可替换使用，都是指能够在股票交易所交易的公司所有权。

交易所交易基金（ETF）

交易所交易基金常被称为ETF，通常是一种跟踪指数、行业、大宗商品或其他资产的证券，但可以像正常股票一样在股票交易所买卖。

有那种跟踪股票整体市场的ETF，对于想进入股市但又不想选择个股的投资者来说，投资这种ETF就是个简单的方法。如果你买了一只跟踪美国市场的ETF，哪天你在新闻中听说市场涨了1%，那么你的ETF大概也会涨1%。ETF费率很低，它只是简单地跟踪市场价格，而不需要基金经理做出选股决策。

在“建议2：用ETF对冲风险”中，我建议每投资于本书策略1美元，同时投资于跟踪市场的ETF 1美元。这样做只是为了提高稳健性和多元化配置，能够对冲你选股出错的可能性，防止未来出现让你痛苦不已的情景：股市整体越涨越高，而你选的个股却没有涨。

你选的个股也有可能远远跑赢整体市场，这种情况下你可能想全仓买入你的组合，但是通常来说更明智的选择是采取我说的这种保守策略。

费率

你投资共同基金（由专业管理人管理的股票基金）和 ETF（跟踪指数的基金）都需要付费。我们把这种费用称作基金的费率，其衡量的是基金资产中被用于行政管理和其他运营费用的比例。ETF 比共同基金的费率低，因为你不需为专业投资团队分析和主动管理投资组合而付费。

财务分析

财务分析就是数字处理，即评估某家公司的生存能力、稳定性和盈利性。通常财务分析要从财务报告和其他报告中获取信息，并使用这些信息形成财务比率和其他指标。

财务分析是专业投资者的做法。想象一个分析师坐在 Excel 表格前，填列上历史财务数据以及预估的未来营收、利润率、盈利等，试图通过这种方式给股票估值。

我们要感谢这些专业投资者所做的工作，使我们不需要再做这部分工作。因为专业投资者能够快速、有效地定价，让股价反映公司的经营数据，我们可以把时间花在公司上，看看什么公司能提供长期有定价权而又独具特色的产品和服务。

对冲

对冲意味着使自己免受不利后果的影响。在金融领域，正式的对冲是一种投资行为，目的是降低不利的资产价格变动带来的风险。专业投资经理可以用许多种金融证券（有一些很复杂）以不同方式对冲投资组合的风险。

在本书策略中，我们只是对冲我们自己的选股能力，是为了防止未来出现让你痛苦不已的情景：股市整体越涨越高，而你选的个股却没有涨。为了实现这种保护机制，我建立了一个对冲规则，即每投资 1 美元于“日常清单”中的股票，同步投资 1 美元于跟踪市场的 ETF。

投资与交易

投资与交易两者的区别主要是目的和期限不同。投资是更长期的行为——你想变成一家伟大公司的股东，你希望长期持有股票并跟随其获利，而交易是更短期的行为——你想赌一把赚快钱，你赌股票价格在短期（按天、按周、按月）内涨起来或跌下去。

在本书策略中，我们希望成为投资者而不是交易者。我们要找到并购买伟大公司的股票，而且希望长期持有。我们根据公司的实际情况买卖股票，不设定持有期限。如果一家公司在你看来不再特别，那就卖出，不管此时持有了三个月还是三年。

垄断

垄断是指一个人或一家公司对某样东西的独占或控制。例如，如果政府说在某地区只有一家公司可经营一条铁路，那这条铁路在那个地区就有垄断地位。这意味着，铁路公司能一直提价而消费者却无可奈何，因为他们只有这一条铁路。铁路公司拥有定价权不是因为它相对于其他公司有更好的产品或服务，而是根本就没有竞争对手。

自由市场经济中没有太多垄断，定价权必须靠创造和维持一个非常独特的产品或服务来赢得。

净资产

用货币衡量的个人财富就是净资产。用你的全部身家（包括现金、股票、债券、房产、土地、贵金属等）减去你的负债（房贷、学生贷款、信用卡等），就是你的净资产。

超买和超卖

这是你经常听到的关于股票的两个术语。超买指股价涨得太高太快，而超卖则是股价跌得太低太急。我们可以用不同的指标来分析说明这两种状态，所以超买和超卖可以有不同的解读。分析师们可以用很多不同的技术指标和基本面指标来说明某只股票是超买还是超卖。

在本书策略中我们把“随机振荡”指标应用到五年期的道琼斯工业平均指数上，作为我们判断市场超买还是超卖的指标。我们在“建议 1：在市场下跌时买进”中已进行了讨论。

定价权

定价权是公司即使面临直接竞争也能保持盈利定价的能力。长期来说，公司需要特殊的、差异化的产品或服务来维持定价权。比如，如果你发明了第一款手机，你可能能够卖 500 美元，但其他公司看到后也开始生产手机，并卖得比你便宜——比如 250 美元。如果你的手机还想卖 500 美元又不想流失客户，那你要让你的手机独具特色，并深受消费者喜爱。如果真能做到这一点，那你甚至可以提价到 600 美元而不流失客户。

公司要想长期赚钱，定价权至关重要——作为消费者你也能感知到这一点。这就是我们在本书策略中特别关注定价权的原因。

贵金属

贵金属是稀有且拥有高经济价值的金属种类。贵金属的高经济价值来源于多种因素，包括稀有性、工业用途、历史上作为价值储存的手段等。最受投资者喜爱的贵金属包括金、铂、银。

上市公司和非上市公司

上市公司就是其股票能在交易所交易的公司，非上市公司恰恰相反。公司在股票交易所上市后，公司的所有权就转换（分割）为能够自由交易的股票份额，这使普通人很容易就能投资于这家公司（买入股份）。

本书策略聚焦于上市公司，因为买卖上市公司股份非常简单，但也可以关注一下你身边的非上市公司，因为它们在未来某时可能决定上市，从而使它的股份可以通过交易来获得。

房产

房产就是房地产，包括土地和附着其上有价值的东西，包括水、树、矿产、建筑、房子、栅栏和桥梁等。

好股长持与坏股止损

人们通常用这句话来形容明智的股票投资行为，即坚定持有赚钱的股票，卖掉亏钱的股票。

很多投资者或交易者陷入这样一个陷阱：他们偏爱自己持

仓的股票甚至与自己持仓的股票“结婚”，不愿意承认自己选股错误，不愿意卖出亏钱的股票来止损。通常，有些因素会导致股价“跌跌不休”，投资者不愿意卖出只会亏损更多。

相反，投资者和交易者应该坚定持有赚钱的股票——尽管在股价大幅上涨时卖出获利特别诱人。这个观点背后的逻辑是：很可能有关于公司的利好因素推动股价上涨，无论这个利好因素是什么，它都很有可能继续推动股价上涨。如果是这样，你最好攥紧让你赚钱的好股票，而不是急于获利了结并试图寻找一只新的好股票。

在本书策略中，我们旗帜鲜明地支持“长期持有伟大股票”的观点。多年甚至几十年持有特别的公司的股票能带来丰厚的甚至是改变命运的投资回报。如果你持有其他公司的股票，你不仅要承受亏损的风险，而且你的资金会错失很多投资机会——资金原本可以被配置到特别的公司上。因此，坏股票应被斩仓止损。

拆股调整价

拆股调整价是股票拆分后的股价。股票拆分是指公司把一股股票拆分成很多股。股票拆分使股价发生变化，但公司价值或你的持仓价值没有变化。

假定公司现在的股价是 100 美元，你拥有 2 股股票，也就是你的持股市值是 200 美元。在某个时刻，公司决定进行 1 拆 2 的股票拆分，也就是把所有股票拆成两份。拆分后股票将以 50 美元的价格交易，但由于拆分后你拥有 4 股股票，所以你的持股市值还是 200 美元。

公司拆股的动机有这么几个：有时是为了增加股票的流动性，有时是为了降低股价从而让散户更容易买到股票。例如某只股票的价格是 2000 美元，这让很多散户买不起，因为他们没有这么多钱，但如果公司进行 1 拆 10 的操作让股价降到每股 200 美元，那散户就可以买了。

“随机振荡”指标

“随机振荡”是一个趋势技术指标，它是用某个特定的收盘价除以证券在一定时期内的价格区间得出来的。这个指标是用来评估股票处于超买状态还是超卖状态的。

在本书策略中，我们把“随机振荡”指标应用到整体股票市场上，来判断市场是处于超买还是超卖状态，相关讨论见“建议 1：在市场下跌时买进”部分。

我将道琼斯工业平均指数作为整体股票市场的代表。举例来说，要在 CNBC 网站上看道琼斯工业平均指数图的“随机振荡”指标，直接打开网站主页按以下步骤操作：

1. 在搜索栏中输入“ Dow Jones Industrials Average”后点

击“搜索”，出现关于道琼斯工业平均指数的汇总页面。

2. 进入股价指数图后，点击图上的扩展箭头（右上角）可以放大。

3. 点击数据区间“5Y”，出现一个五年期的股价指数图。

4. 股价指数图的上方写着“1W”，它是指图中价格指数之间间隔一周。这是五年期指数的默认值，你可以不用去管。如果由于某些原因时间间隔变为一个月或一天，你可以再调回一周。

5. 然后点击“ Studies”（注意，在其他的数据服务中也被称作“ indicators”），会出现一个下拉列表，你从中选择“Stochastics”。

6. 在你选择“ Stochastics”时，“随机振荡”指标的波状线将出现在股价图下方的方框中。你可以保持以下默认设置：

- Period = 14
- Field = Close
- Smooth = Checked
- Overbought = 80
- Oversold = 20

就这么简单。

如果使用更高级的可以手动设置条件的数据服务，你可以这样设置：

- %K periods: 14
- %K slowing periods: 3
- %D periods: 3

这样设置的结果和主流数据服务默认设置的结果几乎是一样的。调整“随机振荡”指标的设置条件，可以改变指标测度的敏感性。我觉得默认设置已经提供了足够清晰有用的结果，所以我们用这些默认设置就好了。

股票

股票（有时被称作权益）是有价证券的一种，它代表的是公司的一部分所有权，这就使股票所有者根据其持股比例享有公司的资产和利润。股票的计量单位是股数。

技术指标

想想股价图。技术指标是由证券的价格、成交量和 / 或持仓量共同生成的买卖信号。股票交易者常使用许多技术指标帮助他们做买入和卖出的决策。

在本书策略中我们只使用一种技术指标。我们把“随机振荡”指标应用到五年期的道琼斯工业平均指数上，来判断市场是处于超买状态还是超卖状态，可参见“建议 1：在市场下跌时买进”。

估值

公司的估值就是它的内在价值。分析师有很多种公司估值方法，其中最常见的一种方法是用市盈率进行估值。这种估值方法听起来复杂，实则不然。假定你有一辆餐车，每年为你赚 5 万美元收益，这时有人过来想以 5 万美元买你的餐车，这时你会想：一次性收到 5 万美元还不错，但这才是我一年的收益，卖出后我以后怎么办呢？因此你可能拒绝这个报价。但如果这个人向你报价 25 万美元，你就会想：这是我今年收益的 5 倍。如果双方都觉得这桩生意公平合理，就成交了，那你的餐车生意估值就是你的预期收益的 5 倍，即 25 万美元。这里的“5 倍”就是指市盈率。

波动性

波动性衡量的是某个东西的价格波动有多大。在股票市场上，波动性通常与朝两个方向的大幅变动有关。比如，如果市场处于振荡期，某一天上涨 2%，第二天又大跌 3%，这种行情反复时，就被称作“波动性”的市场。

股票市场波动会让投资者做出情绪驱动的决策，本书策略会指导你回顾过去的市场波动性。

财富管理

财富管理不仅指管理你的股票，它是指管理你个人的全部净资产。它要求你以全局的视角看待你的生活，不仅包括你现在的净资产，还包括你现在的生活境况和未来的目标。基于对这些因素的考虑，你的净资产被分散至不同的资产类别中，这些资产类别可能包括现金、股票、债券、房产、土地、贵金属。一份好的财富管理还包括潜在的节税和遗产筹划。

后 记

现在你已经准备好执行本书的策略，并可能从世界上最令人兴奋的公司中赚钱。那就乐在其中吧。如果你想了解作者如何执行这一策略，可以发邮件至EdRyan.Stocks@gmail.com，请求加入我的邮件联系人。[⊖]这是免费的。

每个季度我会把更新后的“日常清单”发送给你，如果投资组合中有什么变化，我都会标记出来。这并不是想干扰你的“日常清单”或是影响你的操作，只是想让你能跟踪我的情况，让你在管理自己的投资组合时能找到一些鼓励和支持。

同时，当道琼斯工业平均指数的“随机振荡”指标

⊖ 由于时差以及互联网管理规定等因素影响，你可能无法和作者及时联系。——译者注

跌至 30 以下时——这种情况下我会往组合中加仓，我也会发送邮件提醒你。就像“建议 1：在市场下跌时买进”中讨论的，你可以用免费的数据服务自己跟踪“随机振荡”指标，但为了我的读者们方便，我会在买入信号出现时发送邮件提醒。

虽然我不在推特上展示自己的“日常清单”，但你也可以关注我的推特，我的账号是 @EDWRYAN。

保持联络，现在就开启你的投资之旅吧！

会计极速入职晋级

书号	定价	书名	作者	特点
66560	49	一看就懂的会计入门书	钟小灵	非常简单的会计入门书；丰富的实际应用举例，贴心提示注意事项，大量图解，通俗易懂，一看就会
44258	49	世界上最简单的会计书	（美）穆利斯 等	被读者誉为最真材实料的易懂又有用的会计入门书
71111	59	会计地图：一图掌控企业资金动态	（日）近藤哲朗 等	风靡日本的会计入门书，全面讲解企业的钱是怎么来的，是怎么花掉的，要想实现企业利润最大化，该如何利用会计常识开源和节流
59148	49	管理会计实践	郭永清	总结调查了近 1000 家企业问卷，教你构建全面管理会计图景，在实务中融会贯通地去应用和实践
70444	69	手把手教你编制高质量现金流量表：从入门到精通（第 2 版）	徐峥	模拟实务工作真实场景，说透现金流量表的编制原理与操作的基本思路
69271	59	真账实操学成本核算（第 2 版）	鲁爱民 等	作者是财务总监和会计专家；基本核算要点，手把手讲解；重点账务处理，举例综合演示
57492	49	房地产税收面对面（第 3 版）	朱光磊 等	作者是房地产从业者，结合自身工作经验和培训学员常遇问题写成，丰富案例
69322	59	中小企业税务与会计实务（第 2 版）	张海涛	厘清常见经济事项的会计和税务处理，对日常工作中容易遇到重点和难点财税事项，结合案例详细阐释
62827	49	降低税负：企业涉税风险防范与节税技巧实战	马昌尧	深度分析隐藏在企业中的涉税风险，详细介绍金三环境下如何合理节税。5 大经营环节，97 个常见经济事项，107 个实操案例，带你活学活用税收法规和政策
42845	30	财务是个真实的谎言（珍藏版）	钟文庆	被读者誉为最生动易懂的财务书；作者是沃尔沃原财务总监
64673	79	全面预算管理：案例与实务指引（第 2 版）	龚巧莉	权威预算专家，精心总结多年工作经验 / 基本理论、实用案例、执行要点，一册讲清 / 大量现成的制度、图形、表单等工具，即改即用
61153	65	轻松合并财务报表：原理、过程与 Excel 实战	宋明月	87 张大型实战图表，手把手教你用 EXCEL 做好合并报表工作；书中表格和合并报表的编制方法可直接用于工作实务！
70990	89	合并财务报表落地实操	藺龙文	深入讲解合并原理、逻辑和实操要点；14 个全景式实操案例
69178	169	财务报告与分析：一种国际化视角	丁远	从财务信息使用者角度解读财务与会计，强调创业者和创新的重要作用
69738	79	我在摩根的收益预测法：用 Excel 高效建模和预测业务利润	（日）熊野整	来自投资银行摩根士丹利的工作经验；详细的建模、预测及分析步骤；大量的经营模拟案例
64686	69	500 强企业成本核算实务	范晓东	详细的成本核算逻辑和方法，全景展示先进 500 强企业的成本核算做法
60448	45	左手外贸右手英语	朱子斌	22 年外贸老手，实录外贸成交秘诀，提示你陷阱和套路，告诉你方法和策略，大量范本和实例
70696	69	第一次做生意	丹牛	中小创业者的实战心经；赚到钱、活下去、管好人、走对路；实现从 0 到亿元营收跨越
70625	69	聪明人的个人成长	（美）史蒂夫 · 帕弗利纳	全球上亿用户一致践行的成长七原则，护航人生中每一个重要转变